성경의 핵심 주제를 설교하다

성경,
그 위대한 말씀

최호준 지음

성경의 핵심 주제를 설교하다

성경, 그 위대한 말씀

발행일   초판 1쇄 2025년 2월 14일
저자   최호준(chojun0425@hanmail.net)
북디자인   최주호(makesoul2@naver.com)
유통사   하늘유통(031-947-7777)
펴낸곳   기독교포털뉴스
신고번호   제 2016-000058호(2011년 10월 6일)
주소   우 16954 경기도 용인시 기흥구 흥덕2로87번길 18 (이씨티)
         이씨티빌딩 B동 4층 엠피스비즈니스센터 479호
전화   010-4879-8651
가격   16,800원
이메일   unique44@naver.com
홈페이지   www.kportalnews.co.kr

ISBN   979-11-90229-35-7 03230

성경의 핵심 주제를 설교하다

최호준 지음

성경, 그 위대한 말씀

성경을 처음 만나는 이들에게
그리고 다시 시작하는 당신에게
구원과 믿음의 길을 밝게 비추는 친절한 안내서

추천
도한호 박사
이명희 박사
김상백 박사
정동섭 박사

디지털 세상 건강한 신앙의 바로미터
기독교포털뉴스

차례

성경 중심의 신학과 삶을 외치는 책

-쉽게 풀이한 조직신학-

1980년대 한국에서 열린 한 신학 세미나에서 "이제는 '하나님, 성경' 소리는 좀 그만합시다"하는 발언이 나온 적이 있습니다. 물론. 그 말은 하나님과 성경을 부인한다거나 거부하는 것이 아니라, 교리 따지는 것보다 성경대로 사는 것이 더 중요하다는 의미였을 것입니다. 그러나 이 얼마나 위험한 표현입니까? 차제에, 우리의 친근한 저술가 최호준 목사가 시의적절하게 『성경, 그 위대한 말씀』이라는 말씀 중심의 신학 저술을 펴냈습니다. 알다시피, 저자는 침례신학대학교에서 목회신학 박사학위를 취득함으로 학자와 저술가의 길을 모두 닦아놓은 복음적 성경학자요 목회자입니다. 그는 신학대학을 졸업하고 강원도 영동(동해, 삼척) 산간 마을에서 30여 년 동안 목회하며 독학기사방(讀學記思房)이라는 서재에서 읽고 연구하고 쓰고 묵상하는 근면하고 생산적인 목회를 해왔습니다.

이번에 펴낸 그의 저서는 오직 말씀에 근거해서 성경의 주요 교리와 그리스도인의 삶을 해설한 책입니다. 필자는 일전에 최 목사가 전에 쓴 『십자가의 길을 걷는 그대에게』(2021년)와 『그리스도인이 된다는 것』(2023년) 두 권을 읽으면서 그의 복음적 시각과 내용에 크게 감명 받았습니다. 이 두 권의 책이 성경과 성경적 삶에 대한 서론이었다면, 이번에 펴내는 『성경, 그 위대한 말씀』은 본론이요 몸통에 해당하는 책이라고 할 수 있을 것입니다. 이 책은 제1부와 제2부를 포함해서 전체 29장으로 구성되었습니다.

제1부 "앎에 대한 진지한 질문"은 1~20장으로 구성되었으며 내용은, 성경 개관(1-2장), 삼위일체 하나님으로부터 예수 그리스도의 재림까지 성경의 핵심 교리 해설(3-17장), 성경이 말하는 "그리스도인"의 의미(18-20장)를 분명하게 제시합니다. 제2부 "삶에 대한 현실적 질문"(21-29장)은 로마서 12장을 아홉 부분으로 나누어서 그리스도인이 어떻게 살아야 하는가에 대한 현실적인 질문을 던지고 스스로 답하는 형식으로 쓰였습니다.

이 책의 장점은 첫째, 성경이 어떤 책이며 어떻게 기록되었는지 간단하고 알기 쉽게 설명하며, 둘째, 성경이 말하는 주요 교리인 하나님, 인간의 타락, 구원, 죽음과 부활 등의 핵심 교리를 간략하게 해설하며, 셋째, 로마서 12장의 체계적 해설을 통해서 성경이 말하는 그리스도인의 삶을 짧으면서도 깊이 있게 분석했다는 점입니다.

이 책의 중요성은 신학대학에서 조직신학이라는 강의를 통해 한 학기 또는 1년 동안 공부해야 하는 성경과 신학에 대한 필수 내용을 친절하게 설명했다는 점입니다. 그런데 저자 최호준 목사는 이것을 지난 30여 년 동안 자신이 교회와 여러 집회에서 가르치면서 얻은 경험을 기초로 해서 새롭게 정리했습니다. 그런 과정을 통해서 이 책은 성경과 신학의 핵심 교리를 알기 쉽게 요약하고 해설한 실제적 신학 저술로 다시 태어났습니다. 무엇보다 중요한 것은 서두에서 잠시 운을 뗀 것처럼, 이 책은 진보도 보수도 아닌 복음적 시각에서 성경을 토대로 저술한 성경 중심의 책이라는 점입니다. 이 책이 널리 읽혀서 많은 독자가 기독교의 핵심 교리와 신자의 삶을 분명하게 깨닫는 촉매가 되기 바랍니다. 감사합니다.

도한호 박사(Ph.D.)
한국침례신학대학교 전 총장
현 미래 세종일보 주필

성경의 핵심 주제들을 모은 특별한 설교집

인류를 향한 하나님 아버지의 영원한 말씀인 성경은 역사 이래 베스트 셀러로 자리잡고 있습니다. 하지만 그 핵심 주제가 무엇이며 그 내용이 어떤 것인지를 제대로 알고 있는 사람은 아쉽게도 많지 않습니다. 하나님은 성경을 통해 자신의 뜻과 계획을 알려주시고, 인간은 오직 성경을 통해서만 하나님의 경륜을 알 수 있습니다. 그래서 하나님은 고대로부터 선지자(예언자)를 통해 하나님의 말씀을 증거하게 하셨고, 성경이 완성된 후에는 설교자를 통해 성경의 내용을 증언하게 하십니다.

바벨론 포로에서 돌아온 유대 백성에게 하나님은 제사장 겸 학사인 에스라를 통하여 하나님의 말씀을 증거하게 하셨습니다. 그와 동료들은 "하나님의 율법책을 낭독하고 그 뜻을 해석하여 백성에게 그 낭독하는 것을 다 깨닫게"(느헤미야8:8) 하였습니다. 이 시대의 "제사장 겸 학사"이신 최호준 목사님께서 하나님의 말씀에 관한 설교 말씀을 기록된 문자로 증거하십니다. 누구보다도 성경 연구와 설교에 열심이 크신 최호준 목사님께서 자신이 설교하신 메시지 중에서 성경 자체에 대한 핵심 주제들을 모아 특별한 설교집을 만들었습니다. 이 책은 성경을 알고자 하는 사람과 설교를 듣는 사람 그리고 설교를 하는 사람 모두가 마땅히 먼저 읽어야 할 책이기에 적극 추천하는 바입니다.

이명희 박사(Ph.D.)
전 한국침례신학대학교 대학원장, 실천신학 교수
현 생명빛교회 담임목사

바울의 서신을 닮은 신앙의 길잡이

바울은 로마서를 비롯한 바울서신에서 신앙의 근간이 되는 교리를 영감 있게 서술한 후에 그 교리를 기초로 해서 그리스도의 제자로서 신자가 지켜야 할 실제적인 삶을 강조했습니다. 필자인 최호준 목사님의 『성경, 그 위대한 말씀』은 그 구조와 내용이 바울 사도의 서신들을 닮았습니다. 본서를 읽다 보면 그 구조와 내용이 현장 목회자로서의 깊은 영성과 영혼에 대한 사랑 그리고 목회신학자로서의 신학적 혜안(慧眼)이 돋보여 초대교회 바울 사도의 모습이 아른거립니다. 저자는 1부에서는 거듭난 이후에 신자들이 알아야 할 기초 교리인 성경에 대해, 성삼위 하나님에 대해, 인간에 대해, 그리고 회개, 믿음, 거듭남, 구원, 거룩한 삶, 교회 등에 대해 예화를 곁들인 설교형식으로 쉽게 기술하면서, 2부에 들어가서는 로마서 12장을 중심으로 현재적 삶에 대한 현실적인 질문에 대한 신앙적 해답을 제시합니다.

기독교 세계관은 중요한 신학적 질문에 대한 성경적 해답으로 이루어집니다. 이러한 의미에서 교인들의 신앙을 체계적으로 교육하기를 원하는 영혼을 사랑하는 목회자들과, 중생한 이후에 신앙의 기초를 든든하게 세우려는 신실한 신자들 모두에게 최호준 목사님의 노고(勞苦)가 담긴 귀한 저서를 기쁘게 추천합니다.

김상백 박사(Ph.D.)
순복음대학원대학교 실천신학교수
전 한국실천신학회 회장 및 이사장
수원 좁은길교회 담임목사

근원적 질문과 탁월한 답변을
엮은 강해설교의 진수

나는 34세에 이단 구원파에서 돌아와 (회개하고 예수님을 믿음으로) 회심했을 때부터 목회자로 부름을 받지 않고 가르치는 교사(교수)로 부름을 받았습니다. 따라서 나는 지난 70평생을 교육과 상담을 가르치는 교수로 하나님의 교회를 섬겼습니다. 50대 젊은 시절에는 Denis Lane, John Stott, Gary Collins 등 세계적인 설교자들을 통역하기도 했고 사랑의교회에서 고 옥한흠 목사의 설교를 들으며 정통교회에서 생활했고, 생애 후반에는 침례신학대학교와 강남중앙침례교회에서 피영민 목사(현 침신대 총장)의 강해설교를 듣는 축복을 누렸습니다. 그 와중에 이단 구원파의 교주 유병언으로부터 19차례나 고소를 당하기도 했으나 두 목회자의 설교를 통해 능력을 힘입어 모든 재판에서 승소할 수 있었습니다.

저자 최호준 목사의 『성경, 그 위대한 말씀』의 책 제목처럼 성경은 죄인을 구원하고 순례의 길을 인도하고 천국까지 이르게 하는 능력이 있습니다. 잘 가르치는 목사는 질문을 던지고 답하는 은사가 있습니다. 내가 경험한 목회자 중 가장 위대한 목사는 세 명의 강해설교자 옥한흠, 피영민, 그리고 이 책의 저자 최호준 입니다. 이들의 공통점은 성경을 가까이하고 먼저 간 설교자 루터, 칼빈, 스펄전, 로이드-존스 등 선배 설교자(historical mentor)들을 섭렵하고 묵상한 메시지를 오늘의 현실에 맞게 잘 전달한다는 것입니다.

철학자, 심리학자들은 묻습니다. 우리는 누구인가? 우리는 어디에서 왔으며 어디로 가는가? 미래에 우리는 어떻게 될 것인가? 왜 우리는 존재하는가? 삶, 사랑, 고통, 죽음의 의미는 무엇인가? 우리의 이해밖에 존재하는 하나님과 우리와의 관계, 그 본질은 무엇인가? 이 책은 우리 모두가 가지고 있는 의문에 속 시원하게, 그리고 이해하기 쉬운 언어로 답하고 있습니다. 이단들은 신학적으로 무지하기 때문에 eisegesis (해석자의 생각을 본문에 집어넣어 억지 해석)을 합니다. 반면에 정통 목사들은 본문에서 저자(바울, 이사야, 요한 등)가 의도한 의미를 끌어내어 회중에게 선포합니다. 올바른 신학은 성서적 주석과 해석의 가장 중요한 관건입니다. 최호준 목사는 독서학 박사로서 내가 가르친 제자 중 위에 언급한 좋은 목회자의 특징을 공유하고 있는 가장 탁월한 강해설교자입니다. 이 책을 읽으면서 책 읽는 즐거움을 만끽하시기 바랍니다.

정동섭 박사(Ph.D.)
전 침신대, 한동대 기독교상담학 교수

들어가는 말

"하늘이 무너져도 솟아날 구멍이 있다"는 속담이 있습니다. 아무리 어렵고 힘든 상황이 펼쳐진다 할지라도 결코 희망을 버려서는 안 된다는 깊은 뜻을 담고 있는 말입니다. 우리 조상들이 이런 속담을 사용했던 것은 하늘이 무너질 만큼의 혹독한 어려움과 절망을 경험한다고 해도 해결할 방법은 있다는 것을 전달하고 싶었기 때문이었을 것입니다. 그런데 말입니다. 진짜 하늘이 무너졌다고 가정해 보겠습니다. 정말 하늘이 무너지면 희망은 아예 존재하지 않습니다. 조그마한 가능성도 발견하기 어렵습니다. 그저 당황스럽고 절망만이 앞을 가릴 뿐입니다. 그때 할 수 있는 것이라고는 아무것도 없게 됩니다. 손 하나 까딱할 수 없는 막막함만 있게 됩니다. 상황을 묵묵히 받아들일 수밖에 없습니다. 그런데 말입니다. 진짜 이런 일이 우리 앞에도 어느 날 반드시 생기게 됩니다. 하늘이 무너지는 일이 남의 일이 아니라, 소문으로만 듣던 일이 아니라 나에게도 생긴다는 말입니다. 이것은 실존이고 현실입니다. 지위고하를 막론하고 누구에게나 닥치는 엄연한 현실입니다. 개인적으로는 삶을 다하고 눈을 감아야 할 때 이런 일이 일어납니다. 그리고 미래 세상 종말이 올 때 하늘이 무너지는 상황이 발생합니다.

현실적으로 볼 때 개인적인 종말이 우선적으로 다가온다고 가정해 보겠습니다. 누구나 맞이할 수밖에 없는 일이기에 어느 날 갑자기 이런 일을 맞이했을 때의 참담함은 그야말로 헤아릴 수 없을 정도의 캄캄함과 절망감으로 압도됩니다. 어느 누구도 이해할 수 없고 도와줄 수 없는 두려움에 몸서리치며 떨게 됩니다. 그럼에도 불구하고 어떤 사람은 평온하게 이런 현실을 의미 있게 받아들입니다. 달려갈 길을 다 간 후의 만족감으로 흡족해합니다. 부족했지만 후회 없는 삶을 살았기에 미련이 없습니다. 그렇다면 하늘이 무너질 때 어떤 사람은 당황스러워하며 떨고 있는데 어떤 사람은 마음의 평온을 유지하는 것일까요? 그것은 "하늘이 무너져도 솟아날 구멍이 있다"는 우리 옛 속담에 암시되어 있습니다. 하늘이 무너져도 솟아날 구멍이 있다는 것을 모르는 사람은 절망적일 것입니다. 하지만 하늘이 무너져도 솟아날 구멍이 있다는 것을 아는 사람은 희망적일 것입니다. 성경은 하늘이 무너져도 솟아날 구멍이 있다고 말합니다. 성경은 그것을 '구원'이라고 말합니다. 구원받아야 절망이 희망이 된다고 말합니다. 두려움이 기쁨이 된다고 말합니다.

우리 조상들은 일찍이 이런 사실을 너무나 잘 알고 있었던 것 같습니다. 물론 앞이 캄캄하고 몹시 어렵고 힘든 상황을 타개하기 위한 말로 사용했을 것입니다. 하지만 앞을 내다보고 또 내다보고 우리 삶의 봄, 여름, 가을, 겨울을 생각하고 그다음에 닥쳐올 엄중한 심판의 계절을 생각해 보면 답은 아주 분명해집니다. "하늘이 무너져도 솟아날 구멍이 있다"는 우리의 속담은 가히 선견지명이 섬광처럼 드러나는 예언의 언어가 아닐 수 없습니다. 그렇습니다. 하늘이 무너질 때 솟아날 구멍은 오직 구원뿐입니다. 구원이 정답입니다. 구원이라는 절대적인 명제를 이만큼 잘 설명해 주는 예는 세상 언어 속에서 찾아보기 어려운 일입니다. 그러기에 구원 앞에서 진지해야 하고, 구원을 진지하게 생각해야 하며, 구원을 진지하게 받아야 합니다. 우리 앞에 펼쳐진 이 세상의 삶은 그야말로 짧고도 짧은 눈 깜짝할 사이지만, 삶의 심판대 앞에서 저 세상의 삶은 아주 길고 영원하다는 것을 명심할 일입니다.

구원을 지나가는 농담처럼 너무나 쉽게 생각하고, 구원을 자기와는 아무런 상관이 없는 것처럼 가볍게 여기며, 구원을 조롱하는 행동이 아무렇지도 않게 난무하는 시대적인 상황이 자연스럽게 펼쳐지는 현실이 안타깝습니다. 구원에 대한 무관심이 지나쳐 구원 없이도 이 땅 위에서 영원히 살 수 있는 것처럼 행동하고, 자칭 스스로 구원자가 되어 많은 사람들을 현혹하는 이단자들이 활개치는 시대적인 상황이 심히 우려스럽습니다. 성경의 어떤 부자처럼(눅16:19~31) 구원받지 못했다면 이 세상에서 화려한 삶으로 날마다 호의호식하며 즐겁게 살았다 할지라도 저세상에서는 아무런 의미가 없습니다. 하지만 구원받았다면 이 세상의 삶이 비록 고달프고 하늘이 무너지는 것처럼 힘들었다고 해도 저세상에서는 영원한 평안과 안식이 있게 됩니다. 믿음으로 구원받았다면 말입니다.

목회하면서 늘 느끼는 것이지만 구원받은 것인지, 구원받지 않은 것인지 시시때때로 헷갈리는 다양한 그리스도인들을 다양한 환경 속에서 만나볼 때마다 명목상의 그리스도인이 아니라 믿음으로 구원받은 진짜 그리스도인이 많아졌으면 하는 간절한 마음을 늘 갖게 되었습니다. 언젠가 기회가 주어진다면 구원의 기쁨과 감격을 소개할 수 있는 설교를 하고 싶었습니다. 구원받은 그리스도인이나 명목상의 그리스도인이나 모두에게 전해질 수 있는 설교가 필요하다고 생각했습니다. 이러한 마음으로 구원에 대한 진지한 질문과 함께 구원이 어떻게 나에게 다가왔는지 '성경, 그 위대한 말씀'이라는 제목을 통해 하나하나 알아가는 과정을 주일 예배를 통해 설교로 담아보았습니다.

먼저 Ⅰ부는 '앎에 대한 진지한 질문'이라는 단원으로서 구원받기 전에 무슨 일이 있었는지 그리고 구원받고 난 이후에 어떤 일이 일어나는지를 고찰해 보았습니다. 이 단원은 교리 설교 중심이라 할 수 있습니다. Ⅱ부는 '삶에 대한 현실적 질문'이라는 단원으로서 로마서 12장을 통해 구원받은 그리스도인이라면 어떻게 이 세상에서 살아야 할 것인지를 소개했습니다. 이 단원은 주로 행함에 대한 설교라 할 수 있습니다. 물론 많은 분들의 글을 참고하고 도움 받았음은 물론입니다. 시대적인 흐름 속에서 너무나 빠르게 세속화되고, 문화라는 미명하에 온갖 부패와 부조리가 가속화되는 암울한 시대에 '구원'이라는 '솟아날 구멍'을 외친다는 것이 문명화된 시대라고 여기는 이 시대에 광야에서 외치는 메아리에 불과할 수 있지만 이 사명을 위해 목회자로 선택되었기에 감사할 뿐입니다. 더불어 배부르고 등 따뜻한 시대적인 흐름 앞에 믿음이 약해지고, 소명이 산산조각 부서지는 현실을 마주하면서도 구원에 대한 오롯한 진지함을 간직한 채 영적 내공을 쌓고 있을 수많은 목회자와 그리스도인들을 응원합니다. 지금도 어딘가에서 "하늘이 무너져도 솟아날 구멍이 있다"는 심정으로 엄숙하면서도 복된 구원을 신실하게 증거하고 있을 수많은 목회자와 그리스도인들에게 힘찬 박수를 보냅니다. 모두 모두 주 안에서 건승하옵소서.

2025년 2월 讀學記思房에서
최호준

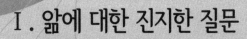

Ⅰ. 앎에 대한 진지한 질문

"모든 성경은 하나님의 감동으로 된 것으로
교훈과 책망과 바르게 함과 의로 교육 하기에 유익하니
이는 하나님의 사람으로 온전하게 하며
모든 선한 일을 행할 능력을 갖추게 하려 함이라"

– 딤후3:16~17

1장 · 성경의 위대함

초기 기독교 교부이자 뛰어난 신학자이며 설교자였던 요한 크리소스톰 (Joun Chrysostom, 349~407)은 '부자(富者)'라는 책에서 성경에 대해 이렇게 말합니다.

"우리는 마치 사방에서 수없이 많은 화살이 날아오는 듯한 상황에 처해 있다. 따라서 우리는 늘 '성경'이라는 전신갑주가 필요하다.
…
우리의 영혼을 공략하는 일들이 많다. 우리가 받는 상처를 치유하고, 아직은 받지 않았지만 앞으로 받을 수 있는 상처로부터 우리를 보호하기 위해서는 거룩한 치료약이 필요하다. 항상 부지런히 성경을 읽어야만 마귀의 불화살을 소멸하고 물리칠 수 있다. 성경을 계속해서 읽지 않는 사람이 구원받는 것은 사실상 불가능하다.
…
성경을 읽는 것은 죄로부터 우리를 안전하게 지킬 수 있는 가장 훌륭한 수단이다. 성경에 무지한 사람은 깎아지른 절벽이나 깊이를 알 수 없는 구덩이 앞에 서 있는 것과 같다."

한국교회가 많은 나라가 부러워할 정도로 빠르게 성장할 수 있었던 저력은 무엇이었을까요? 그것은 세계 어느 그리스도인들보다 성경을 가까이 하고, 성경을 사랑하며, 성경 안에서 증언되는 복음에 감동받아 신앙을 바로 세웠기 때문입니다. 그럼에도 안타까운 사실은 한국교회가 양적 성장을 거쳐 질적 성숙 단계로 나아가지 못했다는 점입니다. 신앙생활은 하는데 행동은 그만큼 따라주지 못했음을 말해줍니다. 다시 말해 '신앙생활 따로, 삶의 행동 따로'라는 이중적인 구조에서 벗어나지 못했습니다.

이 세상에서 성경 말씀만큼 위대하고 값지며 영광스럽고 존귀한 말씀은 없습니다. 이런 성경 말씀을 지금, 현재 하나님의 선물인 줄 믿고 시간을 투자하며 읽어야 하는 것은 당연한 일입니다. 성경을 읽어야 깨달음이 오고, 성장하며, 성숙하고, 열매를 맺을 수 있습니다. 이처럼 성경을 위대하고 값지며 영광스럽고 존귀한 말씀이라 일컫는 것은 그만한 이유가 있음을 알 수 있습니다. 또한 성경이 성경을 증언하는 가장 핵심적인 말씀들을 통해 성경의 위대함을 발견할 수 있습니다. 성경을 위대한 말씀이라 칭하는 이유는 구체적으로 무엇일까요?

하나님의 감동(영감)으로 기록된 말씀이기 때문입니다.

"모든 성경은 하나님의 감동으로 된 것으로 교훈과 책망과 바르게 함과 의로 교육하기에 유익하니"(딤후3:16)
"먼저 알 것은 성경의 모든 예언은 사사로이 풀 것이 아니니 예언은 언제든지 사람의 뜻으로 낸 것이 아니요 오직 성령의 감동하심을 받은 사람들이 하나님께 받아 말한 것임이라"(벧후1:20~21)

성경은 한 마디로 하나님의 감동(영감)으로 기록되었습니다. 그러므로 오류나 실수가 있을 수 없습니다. 단지 인간의 부족함으로 깨닫지 못할 뿐입니다. 시대가 변하고 환경이 변해도 변함없는 성경 말씀으로 언제나 존재하는 것은 시대를 뛰어넘어 일하시는 하나님의 감동이 있었기에 가능한 것입니다. 전지전능하신 하나님께서 사람에게 감동을 주셔서 쓰게 하셨고, 하나님의 뜻이 고스란히 성경에 기록되었기에 성경의 저자는 하나님이시며 하나님의 작품입니다. 성경은 처음부터 끝까지 성령의 이끄심과 다스림과 붙잡힘에 의해 기록되었습니다. 사람의 사사로운 감정이나 이해타산, 욕심 등이 조금도 가미되지 않았다는 말씀입니다.

성경이 하나님의 감동으로 기록되었다는 것은 성경의 말씀 하나 하나 뿐만 아니라 단락이나 개념 혹은 주장까지 모든 것에 하나님의 감동이 미쳤다는 것을 뜻합니다. 물론 성경 저자들의 기질과 은사, 배경과 교육 수준, 습관과 환경 등을 사용하셨음은 물론입니다. 그러기에 성경은 요소요소마다 각각의 또 다른 특색이 있으며 40여 명의 성경 저자들이 가지고 있는 각자만의 고유한 시각과 특징들이 있습니다. 이를 하나님의 감동으로 활용하셨음을 알 수 있습니다. 실수가 생기지 않도록 완벽하게 간섭하시고 통제하셨다는 말씀입니다. 성경에 대해 예수님은 강력하게 이렇게 말씀하십니다.

"성경은 폐하지 못하나니"(요10:35)

예수님은 성경을 없애거나 거역하거나 부인하거나 할 수 없다고 말씀합니다. 왜냐하면 성경은 사사로운 일반적인 말씀이 아니라 하나님의 감동으로 기록된 말씀이기 때문입니다. 따라서 성경은 그 어떤 책보다도 탁월하니다. 완벽합니다. 일관성이 있습니다. 영감 받은 말씀이자 영감으로 기록된 말씀이기에 성경을 절대적으로 믿을 수 있습니다. 그럼에도 불구하고 만약 성령의 조명(照明) 하심이 없다면 하나님의 감동으로 기록된 말씀을 결코 이해할 수 없다는 사실입니다. 그러므로 성경 말씀을 읽고 들을 때마다 하나님의 은혜로 성령의 조명을 받아야 합니다. 그리고 간절히 기도해야 합니다. 분명한 것은 성경 말씀은 하나님의 감동으로 기록된 하나님의 말씀이라는 것입니다. 이것을 성경은 정확하게 말씀합니다.

영생의 말씀이기 때문입니다.

> "너희가 성경에서 영생을 얻는 줄 생각하고 성경을 연구하거니와 이 성경이 곧 내게 대하여 증언하는 것이니라"(요5:39)
> "내가 하나님의 아들의 이름을 믿는 너희에게 이것을 쓰는 것은 너희로 하여금 너희에게 영생이 있음을 알게 하려 함이라"(요일5:13)

성경은 하나님의 뜻을 알게 합니다. 그리고 어떻게 살아야 할지를 가르쳐 줍니다. 하나님의 사람으로 온전하게 하며 모든 선한 일을 행할 능력을 갖추게 합니다. 바른 길, 바른 방향, 바른 소망을 갖게 합니다. 따라서 성경은 삶의 모든 영역에서 영향을 끼칩니다. 그리스도인들이 마음을 열고 날마다 시간마다 하나님의 말씀을 읽고 묵상한다면 그리스도인들의 삶은 모든 영역에서 은혜가 넘치는 영광스러운 삶이 될 수밖에 없습니다. 이것은 신앙의 선배들이나 신앙의 역사가 이를 말해 주고 있습니다. 세상에서는 성공, 인간관계, 지식 습득 등의 온갖 정보를 누구나 쉽게 배울 수 있지만 정말 중요한 영원한 생명은 가르쳐 주지 않습니다. 그 어떤 곳에서도 배울 수 없습니다. 영원한 생명인 영생을 언급하고 가르쳐주는 것은 성경밖에 없습니다. 영생 얻는 방법을 성경만 가르쳐줍니다.

산이나 바다 혹은 광야에서 반드시 필요한 것은 방향을 가르쳐주는 나침반입니다. 어떤 방향으로 가야 할 것이지 제시해 주는 나침반이 있다면 염려할 필요는 없습니다. 나침반이 힘이 되고, 도움이 되며, 안내 표지가 되기 때문입니다. 이처럼 험한 인생길에서 올바른 방향을 가르쳐주고 영원한 생명인 영생으로 인도해 주는 것은 성경이 유일합니다. 성경이 아닌 곳에서는 영생을 찾을 수 없습니다. 영생을 얻으려면 성경으로 돌아가야 하고 성경을 읽어 성경에서 답을 얻어야 합니다. 사도 베드로는 이렇게 고백합니다.

"시몬 베드로가 대답하되 주여 영생의 말씀이 주께 있사오니 우리가 누구에게로 가오리이까"(요6:68)

사도 베드로의 고백처럼 영생의 말씀이 주께 있는데 우리가 어디로 갈 수 있겠습니까? 성경에서 영생의 말씀이 선포되고 있는데 어디에서 영생의 말씀을 찾을 수 있겠습니까? 영생의 말씀을 성경에서 증거하고 있다면 성경을 읽고 듣는 사람들은 수지맞은 사람들 아닙니까? 인류의 소망은 하나같이 건강하게, 행복하게, 여유 있게 오래오래 영원토록 사는 것입니다. 한마디로 영생하는 것입니다. 그런데 이런 영생이라는 말이 성경에 등장합니다. 그렇게도 추구했던 영생이 성경에 나타납니다. 이 세상에서의 삶은 비록 짧은 순간이지만 영생의 말씀을 소유하면 영원히 사는 기회가 주어진다고 성경은 증거 합니다. 영원히 사는 방법이 성경 말씀에 등장한다는 것은 어리석고 무지한 우리에게 찬란한 태양이 환하게 비추는 것보다 더 엄청난 사건입니다. 대단히 충격적인 소식입니다. 왜냐하면 성경 말씀이 아닌 다른 곳에서는 영생이라는 말이 없기 때문입니다. 영원한 생명인 영생을 소유하는 길은 성경 말씀을 따라 믿음으로 살아가는 것 외에는 없습니다.

구원의 말씀이기 때문입니다.

> "예수를 너희가 보지 못하였으나 사랑하는도다 이제도 보지 못하나 믿고 말할 수 없는 영광스러운 즐거움으로 기뻐하니 믿음의 결국 곧 영혼의 구원을 받음이라"(벧전1:8~9)
> "형제들아 아브라함의 후손과 너희 중 하나님을 경외하는 사람들아 이 구원의 말씀을 우리에게 보이셨거늘"(행13:26)

그리스도인들이 감격할 수밖에 없는 일이 있습니다. 정말 감사하고 감동할 수밖에 없는 일이 있습니다. 이렇게 생각해 보고 저렇게 생각해 봐도 언제나 황홀하고 가슴 뛰게 하는 일이 있습니다. 그것은 바로 '영혼의 구원'입니다. 사도 베드로는 성경이 성경될 수밖에 없는 최고의 찬사를 '영혼의 구원'이라고 강력하게 언급합니다. 그리스도인이라면 구원보다 더 귀하고, 더 좋으며, 더 소중한 것이 어디 있겠습니까? 이러한 놀라운 사실이 성경에 기록되었다는 것이 신기하고 신비롭지 않습니까? 이런 기쁜 소식을 성경이 정확하게 기록하고 있다니 너무나 가슴 벅차지 않습니까? 사도 바울은 성경이 하나님의 감동으로 기록되었기에 구원에 이르는 지혜가 있다고 힘주어 강조합니다.

"성경은 능히 너로 하여금 그리스도 예수 안에 있는 믿음으로 말미암아 구원에 이르는 지혜가 있게 하느니라"(딤후3:15)

만약 성경에 구원이라는 엄청난 사건이 기록되지 않았다면 성경으로서의 권위는 상실될 수밖에 없습니다. 따라서 성경이 구원에 대해 말씀하시는 것은 하나님의 감동으로 진지하게 쓰였기 때문이라는 것을 강력하게 알 수 있습니다. 인류역사가 진행되는 중에 수많은 사람들이 구원받을 수 있는 기회가 있었지만 성경 말씀 속에 구원의 길이 있음을 알지 못해 이 세상에서 타락된 삶을 살고, 죽어서는 지옥에서 끝없는 고통으로 신음하고 있다는 것을 잊지 말아야 합니다(눅16:19~31). 그러므로 구원받았다는 것은 이토록 귀한 것입니다. 놀라운 특권입니다. 무엇과도 비교할 수 없는 엄청난 하나님의 선물입니다(엡2:8).

세상에서 아무리 성공적인 삶을 살았다고 해도 내 영혼을 책임질 수 없다면 그것은 결국 헛된 삶이 될 수밖에 없습니다. 그렇다면 내 영혼을 책임질 수 있는 것은 무엇입니까? 바로 '구원'입니다. 삶의 희로애락 속에서 구원받은 사람과 구원받지 못한 사람과의 삶의 차이는 실로 하늘과 땅 차이보다 더 크다 할 수 있습니다. 감히 비교할 수 없을 정도입니다. 따라서 내 삶과 내 영혼을 책임질 구원만큼 중요한 것은 세상에 없습니다. 성경 말씀은 나를 죄에서 구원할 능력이 있습니다. 나를 마귀의 권세에서 구원할 능력이 있습니다. 나를 죽음의 억압에서 구원할 능력이 있습니다. 죄와 마귀와 죽음에서 구원받을 수 있는 유일한 길은 성경 말씀밖에 없습니다. 할렐루야!

성경을 왜 그토록 위대한 말씀이라 하는지 말씀을 통해 살펴보았습니다. 안개처럼, 정처 없는 나그네처럼 짧은 세월 살다가 왔던 곳으로 다시 돌아가야 하는 처지에 있던 우리에게 성경을 통해 영감된 말씀을 알고, 영생의 말씀을 알며, 구원의 말씀을 안다는 것은 기적적인 대사건이 아닐 수 없습니다. 그러므로 구원받은 그리스도인이 되었다면 성경 말씀을 언제나 가까이 해야 합니다. 성경 말씀을 귀하게 여겨야 합니다. 성경 말씀을 읽고 듣는데 아낌없이 시간을 투자해야 합니다. 그리고 늘 생각해야 합니다. '나는 잘 살고 있는가?' '삶에 대한 존중이 있는가?' '삶을 통해 아름다운 열매를 맺고 있는가?' 히브리서 저자는 성경 말씀에 대해 진지하면서 강력하게 소름 끼칠 정도로 이렇게 선언합니다.

> "하나님의 말씀은 살아 있고 활력이 있어 좌우에 날선 어떤 검보다도 예리하여 혼과 영과 및 관절과 골수를 찔러 쪼개기까지 하며 또 마음의 생각과 뜻을 판단하나니"(히4:12)

"성령이 빌립더러 이르시되
이 수레로 가까이 나아가라 하시거늘
빌립이 달려가서 선지자 이사야의 글 읽는 것을 듣고
말하되 읽는 것을 깨닫느냐 대답하되
지도해 주는 사람이 없으니
어찌 깨달을 수 있느냐 하고 빌립을 청하여
수레에 올라 같이 앉으라 하니라"

– 행8:29~31

2장 · 성경 읽기의 올바른 태도

사람이 세상에서 생명을 유지하는 것은 일용할 양식이 있기에 가능한 일입니다. 먹어야 힘을 얻고, 먹어야 움직이며, 먹어야 생활할 수 있기 때문입니다. 이처럼 일용할 양식은 농사라고 하는 수단에 의해 생겨납니다. 가만히 생각해 보면 세상에는 다양한 농사가 존재하는 것을 알 수 있습니다. 이러한 농사는 수고하며 땀 흘려야 하고 혹독한 대가를 치러야 하지만 언제나 열매는 달다는 보람을 얻습니다. 또한 농사는 온몸으로 희생하는 애씀에 의해 탄생하기에 안쓰러움이 동반되지만 보상이라는 희열도 존재합니다. 그러기에 쉬워 보이면서도 어려운 것이 농사라 할 수 있습니다. 온몸으로 감당하는 것이지만 신비로운 것이 농사이기도 합니다. 자연스러운 것 같으면서도 치열하게 싸워야 하는 것이 농사입니다. 농촌에서 목회하며 몇 십 년을 작게나마 농사지으면서 느낀 것이지만 희비가 엇갈리는 것이 농사인 것만은 분명한 것 같습니다. 그렇다면 과연 농사는 어떤 것들이 있을까요?

가장 먼저 땅 농사입니다. 땅에 씨앗을 심고 가꾸어 열매를 거두는 농사를 말합니다. 심은 대로 거두는 법칙의 대표적인 예가 바로 땅 농사입니다. 다음으로 바다 농사입니다. 바다에서 양식업을 하는 농사를 말합니다. 가두리 양식, 굴 양식, 김 양식, 미역 양식 등을 말합니다. 그리고 마음 농사입니다. 사람의 마음에 농사를 짓는 것을 말합니다. 다시 말해 하나님의 말씀을 전하는 농사를 말합니다. 길가 밭, 돌 밭, 가시떨기 밭, 좋은 밭(마 13:1~9,18~23)이 있기에 마음을 잘 가꿀 수 있는 농사가 필요합니다. 이렇게 마음 밭은 다양하기에 전도할 수밖에 없습니다. 끝으로 하늘 농사입니다. 하나님께 예배드리는 것을 말합니다. 하나님의 것은 하나님께 드리는 것을 말합니다. 하나님의 영광을 위해 살아가는 것을 말합니다. 한 마디로 하늘에 보물을 쌓아 놓는 것을 말합니다(마6:20).

한 사람의 그리스도인에 대해 알고자 원한다면 지금 그 사람이 말하는 말을 유심히 듣기보다 지금 그 사람이 심고 있고, 쌓고 있는 것이 무엇인지 깊이 있게 살펴보는 것이 무엇보다 중요합니다. 시간이 지나고 나면 말로 열매가 드러나고 거두는 것이 아니라 무엇을 심고, 무엇을 쌓았느냐에 따라 열매를 거두기 때문입니다. 사도 바울은 의미심장하게 이렇게 말합니다.

"자기의 육체를 위하여 심는 자는 육체로부터 썩어질 것을 거두고 성령을 위하여 심는 자는 성령으로부터 영생을 거두리라"(갈6:8)

좀 더 적극적인 면에서 성경을 열심히 읽는 것도 하늘에 농사짓는 것입니다. 그러므로 성경을 사랑하고 아끼며 읽는 습관이 매우 중요하고 필요합니다. 이처럼 중요한 성경 읽기의 올바른 태도는 무엇일까요? 어떻게 읽어야 할까요?

가감하지 않고 있는 그대로 읽어야 합니다.

"내가 너희에게 명령하는 말을 너희는 가감하지 말고 내가 너희에게 내리는 너희 하나님 여호와의 명령을 지키라"(신4:2)

하나님의 말씀을 덧붙인다거나 빼버리지 말고 있는 그대로 말씀을 읽어야 한다는 말씀입니다. 요한계시록에도 분명하게 기록되어 있습니다. 그런데 문제는 이단이나 사이비 종교에서는 더하거나 빼버리는 것을 은근슬쩍 교묘하게 남발한다는 것입니다. 그러므로 사도요한의 외침에 경각심을 갖고 귀를 기울여야 합니다.

"내가 이 두루마리의 예언의 말씀을 듣는 모든 사람에게 증언하노니 만일 누구든지 이것들 외에 더하면 하나님이 이 두루마리에 기록된 재앙들을 그에게 더하실 것이요 만일 누구든지 이 두루마리의 예언의 말씀에서 제하여 버리면 하나님이 이 두루마리에 기록된 생명나무와 및 거룩한 성에 참여함을 제하여 버리시리라"(계 22:18~19)

즐겁게 밤낮 그리고 날마다 묵상하며 읽어야 합니다.

"오직 여호와의 율법을 즐거워하여 그의 율법을 주야로 묵상하는도다"(시1:2)
"베뢰아에 있는 사람들은 데살로니가에 있는 사람들보다 더 너그러워서 간절한 마음으로 말씀을 받고 이것이 그러한가 하여 날마다 성경을 상고하므로"(행17:11)

성경을 밤낮 그리고 날마다 읽으려면 시간을 정해 놓고 읽는 것이 좋습니다. 시간을 과감하게 투자해서 읽어야 합니다. 성경은 결코 시간이 날 때 읽는 것이 아닙니다. 성경 읽는 것을 최우선적으로 정해 놓고 읽는 것이 구원받은 그리스도인이 해야 할 가장 기본적인 일입니다. 쉽지는 않겠지만 그렇게 해야 합니다.

간절하게 읽어야 합니다.

"내가 전심으로 주를 찾았사오니 주의 계명에서 떠나지 말게 하소서"(시119:10)

성경 말씀은 곧 하나님의 말씀이기에 전심으로 주를 찾듯이 힘을 다해 읽어야 합니다. 정성을 다해 읽어야 합니다. 뜻을 다해 읽어야 합니다. 마음을 다해 읽어야 합니다. 집중하여 간절하게 읽을 때 나 자신을 발견하게 되고, 하나님의 마음을 깨닫게 됩니다. 이렇게 할 때 찾아오는 감격과 감동은 값없이 주어지는 은혜로 이어집니다.

기도하는 마음으로 읽어야 합니다.

"또 내가 사랑하는 주의 계명들을 향하여 내 손을 들고 주의 율례들을 작은 소리로 읊조리리이다"(시119:48)

성경 말씀을 따라 기도하는 습관은 좋은 습관입니다. 성경 말씀을 읽다가 감동이 주어지면 기도하는 것이 중요하고, 말씀을 의지하고 기도하면 많은 은혜가 주어집니다. 그러므로 성경 말씀을 기도하는 마음으로 읽으면 복이 있습니다. 최고로 귀한 기도는 말씀을 따라 기도하는 것입니다.

가르쳐 줄 사람은 없는지 생각하며 읽어야 합니다.

"빌립이 달려가서 선지자 이사야의 글 읽는 것을 듣고 말하되 읽는 것을 깨닫느냐 대답하되 지도해 주는 사람이 없으니 어찌 깨달을 수 있느냐 하고 빌립을 청하여 수 레에 올라 같이 앉으라 하니라"(행8:30~31)

에디오피아 여왕 간다게의 모든 국고를 맡은 관리인 내시가(27절) 성경 을 읽다가 모르는 부분이 있었고 이 모르는 부분에 대해 가르침을 받았을 때 깨닫게 되었습니다. 결국 개인적으로는 구원을 받게 되었고 국가적으로 는 에디오피아 나라 전체에 복음이 증거 되는 계기가 되었습니다.

살아 있는 말씀이므로 삶에 적용하며 읽어야 합니다.

"하나님의 말씀은 살아 있고 활력이 있어 좌우에 날선 어떤 검보다도 예리하여 혼 과 영과 및 관절과 골수를 찔러 쪼개기까지 하며 또 마음의 생각과 뜻을 판단하나 니"(히4:12)

성경 말씀은 과거에나 현재에나 영원토록 살아 있는 말씀입니다. 그러므 로 살아 있는 말씀을 읽고 삶의 현장에서 적용하며 살아간다면 귀한 삶이 될 수 있습니다. 시대를 뛰어넘어 끝까지 살아있는 말씀으로 도전과 자극과 깨달음을 선사하는 것은 성경 말씀이 유일합니다.

가장 가까운 곳에 두고 읽어야 합니다.

"평생에 자기 옆에 두고 읽어 그의 하나님 여호와 경외하기를 배우며"(신17:19)
"이 율법책을 네 입에서 떠나지 말게 하며"(수1:8)

　눈에 가장 잘 보이고, 손에 가장 잘 잡히는, 가장 가까운 곳에 성경 말씀을 두고 읽는 것이 가장 좋은 방법입니다. 내 옆에 항상 성경 말씀이 있다는 의식이 중요합니다. 그리고 읽는 것이 중요합니다. 아무래도 멀리 있으면 관심에서 멀어지고 시간이 지나면 지날수록 잊어지기 마련입니다. 조심해야 하겠습니다.

　믿음으로 구원받은 그리스도인이라면 성경 말씀을 마음 깊이 읽는 것은 지극히 당연한 일입니다. 신앙생활에 있어 성경 읽기는 신앙생활의 기본이자 뼈대이기 때문입니다. 그러므로 성경 읽기를 어떤 태도로 감당하느냐 하는 것은 매우 중요한 일이 아닐 수 없습니다. 어쩌면 그리스도인에게 있어 성경 읽기는 가장 쉬우면서도 가장 어려운 일일 수 있습니다. 마음먹기에 따라서 말입니다. 이유가 무엇이든지 상관없이 그리스도인으로 평생을 살아가려면 생명의 양식인 성경을 읽어야 합니다. 그리고 먹어야 합니다. 신앙의 생명을 이어가려면 이 방법 밖에는 없습니다.

근대 과학의 아버지라 불리는 갈릴레오 갈릴레이(1564~1642)는 하나님께서 두 권의 책을 주셨다고 말합니다. 이것은 굉장한 통찰력이 아닐 수 없습니다. 그것은 자연이라는 책과 성경이라는 책입니다. 먼저는 자연이라는 책을 주셨습니다. 그러므로 자연섭리를 통해 하나님의 심정을 알 수 있습니다. 하나님의 기쁨, 하나님의 숨소리, 하나님의 침묵 등을 발견합니다. 그리고 성경이라는 책을 주셨습니다. 그리스도인은 성경을 통해 하나님의 음성을 듣고, 하나님의 사랑을 접하며, 하나님을 만납니다. 또한 하나님이 누구신지, 하나님께서 무엇을 원하고 계신지, 하나님이 하시고자 하시는 일은 어떤 것인지 깨닫게 됩니다.

그리스도인은 자연이란 책과 성경이라는 책을 하나님이 주신 선물이라고 생각하고 귀하게 여겨야 합니다. 그리고 귀하게 읽어내야 합니다. 올바르게 읽어낼 때 올바른 판단력과 올바른 방향 설정이 가능합니다. 타락하고 그래서 부패한 인간에게 언제나 필요한 것은 올바른 기준입니다. 기준이 분명하면 답은 어렵지 않습니다. 그 기준은 바로 성경입니다. 혼란스럽고 지극히 위험하며 아슬아슬한 위기의 시대에 성경을 올바른 태도로 읽어 신앙이 깊어지고 넓어져 성숙한 신앙인으로 하나님께 영광 돌리고, 하나님 앞에서 귀하게 쓰임 받는 그리스도인이 많아졌으면 하는 마음 간절합니다.

"깊도다 하나님의 지혜와 지식의 풍성함이여,
그의 판단은 헤아리지 못할 것이며
그의 길은 찾지 못할 것이로다"

- 롬11:33

3장 • 성부 하나님

20세기를 대표하는 복음주의 신학자 가운데 한 사람인 제임스 패커 (James Packer, 1926~2020)는 저서 '하나님을 아는 지식'에서 "오늘날 교회의 연약함의 뿌리에는 하나님에 대한 무지, 곧 하나님의 도(way) 및 하나님과 교통하는 일에 대한 무지가 자리 잡고 있다"라고 지적했습니다. 그래서 '하나님에 대해 아는 것'(Knowing about God)이 아니라 '하나님을 아는 것'(Knowing God)으로 돌아가야 한다고 말합니다. 하나님을 바로 알 때 하나님이 인생의 모든 문제보다 훨씬 더 크신 분이심을 깨닫게 됩니다. 혹이나 하나님 그분 자체가 아니라 하나님에 대해 아는 지식을 추구하고 있지는 않습니까? 연약한 신앙의 밑바닥에는 언제나 하나님에 대한 무지가 자리 잡고 있습니다. 그러므로 그리스도인은 한결같이 하나님을 아는데 온 힘을 기울여야 합니다.

"여호와를 경외하는 것이 지혜의 근본이요 거룩하신 자를 아는 것이 명철이니라"(잠 9:10)
"그러므로 우리가 여호와를 알자 힘써 여호와를 알자"(호6:3)
"나는 인애를 원하고 제사를 원하지 아니하며 번제보다 하나님을 아는 것을 원하노라"(호6:6)

"여호와께서 이스라엘 족속에게 이와 같이 말씀하시기를 너희는 나를 찾으라 그리하면 살리라"(암5:4)

이처럼 하나님을 아는 것은 끝없는 주제이고, 도저히 고갈될 수 없는 주제이며, 한없이 영원한 주제입니다. 하나님을 아는 것에서부터 출발하지 않는다면 성경의 다른 주제들은 아무런 뜻도 의미도 목적도 없게 됩니다. 이러한 하나님을 알아야 한다는 것은 도대체 어떤 뜻일까요?

"하나님은 과연 존재하는가?"하는 질문입니다.

많은 사람들이 하나님의 존재에 대해 믿지 않습니다. 관심이 없습니다. 신경 쓰지 않습니다. 하지만 구원받은 그리스도인은 하나님의 존재에 대해 믿습니다. 느낍니다. 알기 원합니다. 그러기에 구원받은 그리스도인들이 하나님을 경외하는 것 아닙니까? 예배하는 것이 아닙니까? 기도하는 것이 아닙니까? 성경은 하나님의 존재에 대해 처음 첫 장 첫 절부터 강력하게 선언합니다. 성경은 하나님이 존재하신다는 것을 당연하게 언급합니다. 불필요한 언급으로 빙빙 돌려서 말하지 않습니다. 성경은 분명하게, 확실하게, 정확하게 엄청난 말씀이자 위대한 말씀으로 시작합니다. 웅장하게 그리고 장엄하게 말씀합니다.

"태초에 하나님이 천지를 창조하시니라"(창1:1)
"우주와 그 가운데 있는 만물을 지으신 하나님께서는 천지의 주재시니 손으로 지은 전에 계시지 아니하시고 또 무엇이 부족한 것처럼 사람의 손으로 섬김을 받으

시는 것이 아니니 이는 만민에게 생명과 호흡과 만물을 친히 주시는 이심이라"(행 17:24~25)

"이는 하나님을 알 만한 것이 그들 속에 보임이라 하나님께서는 이를 그들에게 보이셨느니라 창세로부터 그의 보이지 아니하는 것들 곧 그의 영원하신 능력과 신성이 그가 만드신 만물에 분명히 보여 알려졌나니 그러므로 그들이 핑계하지 못할지니라"(롬1:19~20)

태초에 하나님이 천지를 창조하셨습니다. 우주와 자연과 사람을 지으신 하나님께서 그들에게 생명과 호흡을 주셨습니다. 우주와 자연과 사람을 통해서 하나님의 능력과 하나님의 존재를 보여주셨고 알려 주셨습니다. 특별히 사람에게는 양심을 통해 하나님을 알게 하셨습니다. 우주와 자연과 사람, 즉 만물을 통해 하나님을 보여주시고 알려주신 하나님이 사람의 양심으로 하나님을 알려주시고 보여 주셨다면 하나님의 존재를 믿지 못하는 사람들은 핑계를 댈 수도 없거니와 변명의 여지도 없습니다.

이런 하나님을 믿음이 없이는 믿을 수 없습니다. 믿음으로 이끄시는 성령님의 내적 역사가 없이는 하나님을 믿을 수 없습니다. 하나님께서 주시는 믿음의 선물이 없이는 아무도 하나님을 믿을 수 없습니다. 믿음도 하나님이 주신 선물이기 때문입니다. 믿음이란 것은 이토록 전적인 하나님의 간섭하심, 인도하심, 선택하심이 있었기에 가능했던 일입니다. 이러한 사실을 알면 알수록 얼마나 감사하고 또 감사한지 모르겠습니다. 온 마음과 뜻과 정성을 다해 감사하지 않을 수 없습니다. 히브리서 저자는 이렇게 선언합니다.

"믿음이 없이는 하나님을 기쁘시게 하지 못하나니 하나님께 나아가는 자는 반드시 그가 계신 것과 또 그가 자기를 찾는 자들에게 상 주시는 이심을 믿어야 할지니라"(히11:6)

성경은 하나님의 존재에 대해 단호하게 선언합니다. 하나님의 존재에 대해 거리낌이 조금도 없습니다. 하나님이 존재하신다고 정확하게 밝힙니다. 정정당당하게 아무런 문제가 없다는 듯이 하나님이 계시다고 직설적으로 말합니다. 이러한 말씀들이 그리스도인에게 얼마나 위로가 되는지 알 수 없습니다. 그리고 자기를 찾는 자들에게 상을 주신다고 말합니다. 상은 아무나 받는 것이 아니라는 것을 잘 알고 있기에 상 주시는 하나님을 믿는 그리스도인들은 복 받은 사람들입니다. 세상에서의 상이 아니라 하나님께서 주시는 상이라니 얼마나 기대되는 상이겠습니까? 그러한 상은 이 땅 위에서 행한 대로 받습니다. 하나님을 믿고 믿음으로 행동했더니 자연스럽게 따라오는 상이라고 말합니다. 그러한 상이 기대되지 않습니까?

"하나님을 안다는 것이 가능한가?"하는 질문입니다.

이것은 대단히 중요한 물음입니다. 우리의 삶과 마음과 걸음걸음에 중요한 위치를 차지하는 커다란 물음입니다. 성경은 언제나 하나님의 백성들을 향해 최고의 필요이자 최고의 목표는 하나님을 아는 것이라고 말합니다. 그러므로 우리가 소원하고 추구하는 것보다, 어떤 특별한 체험보다, 그 어떤 복들보다 더 중요한 것은 하나님을 아는 것이 되어야 합니다.

"영생은 곧 유일하신 하나님과 그가 보내신 자 예수 그리스도를 아는 것이니이다"(요17:3)

그런데 문제는 인간의 지식과 지혜로는 하나님을 완벽하게 분석하거나 이해할 수 없다는 것입니다. 인간의 능력으로 하나님을 이해하려고 최선을 다해 애쓰지만 너무나 안타깝게도 창조주 하나님을 안다는 것은 한계가 있는 일입니다. 피조물이기에 절감할 수밖에 없습니다. 한마디로 인간의 지식과 지혜의 한계 때문에 불가능합니다.

"이는 내 생각이 너희의 생각과 다르며 내 길은 너희의 길과 다름이니라 여호와의 말씀이니라 이는 하늘이 땅보다 높음 같이 내 길은 너희의 길보다 높으며 내 생각은 너희의 생각보다 높음이니라"(사 55:8~9)
"하나님은 복되시고 유일하신 주권자이시며 만왕의 왕이시며 만주의 주시요 오직 그에게만 죽지 아니함이 있고 가까이 가지 못할 빛에 거하시고 어떤 사람도 보지 못하였고 또 볼 수 없는 이시니 그에게 존귀와 영원한 권능을 돌릴지어다 아멘"(딤전6:15~16)

하나님은 영원하시고 절대적인 존재이시기에 이해할 수 없는 분이십니다. 그럼에도 불구하고 우리는 하나님을 알 수 있습니다. 한마디로 하나님을 완벽하게 이해할 수는 없지만 하나님을 부분적으로 알 수는 있습니다. 그렇다면 좀 더 구체적으로 어떻게 알 수 있을까요? 하나님은 자신을 알리시는 방법으로 주로 두 가지 방식을 사용하셨습니다.

1) 일반 계시(啓示)

모든 시대, 모든 장소, 모든 사람들에게 일반적인 방법으로 하나님 자신을 나타내신 것을 말합니다. 만약 이런 것들을 몰랐다고 핑계 대면 하나님 앞에서 통할 수 없습니다. 예를 들어보겠습니다. 자연을 통해 계시하십니다. 봄, 여름, 가을, 겨울, 비, 눈, 가뭄, 홍수, 지진, 흉년 등(행14:17, 행17:24; 롬1:20). 사람의 역사를 통해 계시하십니다. 갈등과 충돌, 분쟁과 전쟁, 사회 문제, 문화 현상, 가난과 궁핍 등(행17:26~27, 30~31). 사람의 양심을 통해 계시하십니다(롬1:32, 롬2:15). 우리가 분명히 알아야 하는 것은 일반 계시인 자연과 역사와 양심을 통해서는 충분하게 하나님을 알 수 없다는 한계가 있습니다. 일반 계시만으로는 하나님과 인격적인 관계를 원만하게 맺을 수 없기 때문입니다. 일반적으로 경험하고 일반적으로 접할 수 있는 일들이기에 하나님을 예민하게 느낄 수 없는 단점이 있습니다. 왜냐하면 허물 많은 죄인으로 살아가기에 그렇습니다(롬1:21~22).

2) 특별 계시(啓示)

죄로 인해 타락한 사람은 자연, 사람의 역사, 사람의 양심을 통해 계시하신 하나님을 올바르게 알기가 몹시 어렵습니다. 그래서 하나님은 자신을 직접 알려 주시는 특별 계시를 사용하셨습니다. 예를 들어보겠습니다. 천사를 통해 계시하십니다(단8:13; 슥1:9, 6:5; 행7:53; 갈3:19). 꿈과 환상을 통해 계시하십니다(민12:6; 삼상28:6; 욥33:14~17; 마1:19~20, 24). 기적과 표적과 기사를 통해 계시하십니다(출7:8~12:36, 14:21; 왕상18:36~39; 왕하2:19~22; 히2:4). 무생물을 통해 계시하십니다(출3:2, 19:16; 시78:14;

욥38:1). 직접적인 음성을 통해 계시하십니다(창2:16~17; 출19:9~13, 33:11; 삼상3:4; 사 6:8; 렘1:1~10). 예수그리스도를 통해 계시하십니다(요1:18, 14:7, 9~11; 히1:1~2). 중요한 사실은 이러한 특별 계시를 보존하고 전달하기 위해 성경을 기록하게 하셨다는 것입니다(요20:31; 딤후 3:15~17). 왜 이렇게 특별 계시를 허락하셨을까요? 이유는 무엇일까요? 그것은 하나님 자신을 드러내심으로 말미암아 죄에 빠진 인간을 구원하시고 친밀하게 교제하시기 위해서입니다.

"하나님은 어떤 분이신가?"하는 질문입니다.

우리가 하나님을 알아갈 때 염두에 두어야 하는 것이 있습니다. '지적인 즐거움을 위한 것인지', '만족을 누리기 위한 것인지', '모르는 것보다는 알아두는 것이 좋을 것 같아서인지' 하는 것들에 대해 말입니다. 이러한 마음으로 알아간다면 몹시 잘못된 생각입니다. 성경을 알면 알수록 하나님을 두렵고 떨리는 마음으로 다가가야 합니다(빌2:12). 경건함과 두려움으로 다가가야 합니다(히12:28~29). 왜냐하면 거룩하신 하나님이시라는 기본전제로 시작해야 하기 때문입니다. 그렇다면 하나님은 어떤 분이실까요?

1) 영원히 절대적인 분이십니다.

하나님께서 영원히 절대적이라는 말은 말로다 표현할 수 없을 정도로 어마어마한 말씀이면서 너무나 은혜로운 말씀이 아닐 수 없습니다. 이 말의 뜻은 하나님은 완전(온전)하다는 말입니다. 흠이나 부족함이 조금도 없습니다. 그리고 영원하다는 말입니다. 시간을 초월합니다. 또한 어떤 곳이든 동시적으로 계실 수 있다는 말입니다. 공간의 제한을 받지 않으십니다. 따라서 하나님은 그 어떤 것으로부터도 영향을 받지 않으시는 영원히 절대적인 분이십니다.

"그러므로 하늘에 계신 너희 아버지의 온전하심과 같이 너희도 온전하라"(마5:48)
"산이 생기기 전, 땅과 세계도 주께서 조성하시기 전 곧 영원부터 영원까지 주는 하나님이시니이다"(시90:2)
"하나님도 한 분이시니 곧 만유의 아버지시라 만유 위에 계시고 만유를 통일하시고 만유 가운데 계시도다"(엡4:6)

2) 영적인 분이십니다.

하나님이 영적인 분이라는 말은 무슨 의미입니까? 하나님은 어떤 지역에, 어떤 건물에, 어떤 육체에 한정되어 있을 수 없는 분이라는 말입니다. 하나님은 볼 수도 없고 보이시지도 않으십니다. 어떤 한계도 없고 어떤 걸림돌도 없다는 말입니다. 하나님은 그 어떤 것에도 제한받지 않으시지만 또한 그 어떤 것에도 의존하지 않으시는 분입니다. 장소와 환경과 시간을 초월하신 분이라는 말입니다.

"하나님은 영이시니"(요4:24)
"주는 영이시니 주의 영이 계신 곳에는 자유가 있느니라"(고후3:17)
"영원하신 왕 곧 썩지 아니하고 보이지 아니하고 홀로 하나이신 하나님께 존귀와 영광이 영원무궁하도록 있을지어다 아멘"(딤전1:17)

3) 인격적인 분이십니다.

하나님께서 인격적이라는 것을 성경은 아주 자연스럽게 그러면서도 세밀하게 보여줍니다. 인격적이라는 말은 말하고, 듣고, 대화하고, 느끼고, 관계를 맺고, 복 주시고 하는 것들을 말합니다. 하나님은 인격적인 분이시기에 참된 예배의 마음을 갖는 일이나 우리 자신과 세상에 대해 확신을 갖는 일에 있어서 절대적으로 중요합니다. 왜냐하면 인격적인 하나님께서 인격적인 존재로 우리를 창조하셨기 때문입니다(창1:26~27).

> "그는 뜻이 일정하시니 누가 능히 돌이키랴 그의 마음에 하고자 하시는 것이면 그것을 행하시나니"(욥23:13)
> "예수께서 이르시되 빌립아 내가 이렇게 오래 너희와 함께 있으되 네가 나를 알지 못하느냐 나를 본 자는 아버지를 보았거늘 어찌하여 아버지를 보이라 하느냐"(요14:9)
> "모든 일을 그의 뜻의 결정대로 일하시는 이의 계획을 따라 우리가 예정을 입어 그 안에서 기업이 되었으니"(엡1:11)

세상의 많은 사람들이 하나님을 알지 못합니다. 이러한 가운데 구원 받은 그리스도인들이 성부 하나님을 알아야 하는 것이 왜 그토록 중요할까요? 그것은 성부 하나님을 올바로 알아야 올바르게 예배드릴 수 있고, 기도할 수 있으며, 찬양할 수 있기 때문입니다. 성부 하나님의 존재에 대해 성경이 단호하게 말씀하고 있다면 그것을 당연한 사실로 믿는 것이 그리스도인들의 마땅한 본분입니다. 또한 그리스도인들은 성부 하나님을 알 수 있도록 일반 계시와 특별 계시를 주신 성부 하나님께 무한히 감사해야 합니다. 그리고 성부 하나님이 어떤 분이신지 성경에 분명하게 기록하고 있다면 그리스도인들은 성부 하나님에 대해 경외하는 마음을 가져야 합니다.

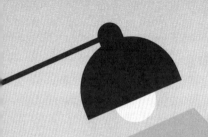

"예수께서 제자들 앞에서 이 책에 기록되지 아니한
다른 표적도 많이 행하셨으나 오직 이것을 기록함은
너희로 예수께서 하나님의 아들 그리스도이심을
믿게 하려 함이요 또 너희로 믿고 그 이름을 힘입어
생명을 얻게 하려 함이니라"

- 요 20:30~31

4장 · 성자 하나님

청교도 시대가 남긴 아름다운 흔적 중에 이런 이야기가 있습니다. 당시의 시대에는 한 사람이 예수님을 믿게 되면 대부분의 지역 교회에서 그를 그 교회 회원으로 받아들이기 위하여 교회위원회의 심의와 입교 문답을 하는 관례가 있었습니다.

한 자매가 교회의 나이 든 장로님으로부터 이런 질문을 받았습니다.

"자매는 예수님을 믿기 전에 자신이 죄인이었다는 것을 인정하십니까?"

물론 이 자매는 "예"라고 대답을 했습니다. 그러자 그 장로님은 다시 물었습니다.

"그러면 지금 예수님을 믿은 후에는 자신을 어떻게 느끼십니까?"

자매는 이렇게 대답했습니다.

"지금은 전보다 더 큰 죄인이라고 느끼고 있습니다."

장로님은 다시 이렇게 물었다고 합니다.

"그러면 예수님 믿기 전과 예수님 믿은 후에 달라진 것이 무엇입니까?"

그다음에 자매가 했던 대답이 아주 유명한 말이 되었습니다.

"전에는 '죄를 향해 달려가는 죄인'이었지만 지금은 '죄로부터 도망치고 있는 죄인'입니다."

이처럼 예수 그리스도는 이 땅 위에 죄인을 구원하기 위해 오셨습니다(마 1:21). 생명을 얻게 하기 위해 오셨습니다(요20:31). 영생(영원한 생명)이 있음을 알게 하기 위해 오셨습니다(요일5:13). 예수 그리스도께서 이 세상에 오실 것이라는 예언은 이미 구약에서 여러 번 언급되었습니다(미5:2; 렘23:5; 사7:14). 어떤 분으로 오실지도 예고되었습니다(사9:6~7, 53:3, 42:6, 53:9; 시22:1, 16,18; 슥9:9). 앞으로 무슨 사역을 하실지에 대해서도 예언되었습니다(신18:18; 사53:10; 단2:44~45).

그러므로 기독교에 있어서 가장 중요한 분은 예수 그리스도입니다. 기독교의 핵심은 예수 그리스도이십니다. 예수 그리스도를 떠나서는 아무것도 아닙니다. 앞으로 오실 예수 그리스도, 이 세상에 오신 예수 그리스도, 앞으로 다시 오실 예수 그리스도에 대한 말씀이 기독교의 절대적 중심입니다. 예수 그리스도께서 이 세상에 오셨다는 것은 실로 엄청나게 놀라운 사건이자 가장 신비한 사건입니다. 따라서 구원받은 그리스도인은 이러한 예수 그리스도에 대해 깊이 생각해야 합니다(히3:1). 왜냐하면 오직 예수 그리스도를 통해서만 하나님과 화목할 수 있고, 하나님을 알 수 있으며, 구원받을 수 있기 때문입니다(딤전2:5; 요14:6; 행4:12). 그렇다면 예수 그리스도는 어떤 분이실까요?

성육신하신 예수 그리스도입니다.

"크도다 경건의 비밀이여, 그렇지 않다 하는 이 없도다 그는 육신으로 나타난 바 되시고 영으로 의롭다 하심을 받으시고 천사들에게 보이시고 만국에게 전파되시고 세

상에서 믿은 바 되시고 영광 가운데서 올려지셨느니라"(딤전3:16)

이처럼 성육신하신 예수 그리스도는 모든 시대 가운데서 가장 큰 신비 중의 신비입니다. 시간을 초월하여(과거, 현재, 미래) 중요하고 또 중요합니다. 그 어떤 위대한 사람의 표현으로도 다 온전하게 설명할 수 없는 영광스럽고 놀라운 사건입니다. 하나님이 인간으로 이 세상에 오셨다는 이 말씀이 얼마나 엄청나고 위대한 말씀인지 모릅니다. 얼마나 귀하고 상상을 초월한 말씀인지 모릅니다. 오죽하면 사도 바울이 이런 말씀을 하셨을까요?

"크도다 경건의 비밀이여 … 그는 육신으로 나타난 바 되시고."

이 위대한 말씀이 사도 요한에 의해 이렇게 다시 증거 되었습니다.

"말씀이 육신이 되어 우리 가운데 거하시매"(요1:14)
"미혹하는 자가 세상에 많이 나왔나니 이는 예수 그리스도께서 육체로 오심을 부인하는 자라 이런 자가 미혹하는 자요 적그리스도니"(요이1:7)

히브리서는 이렇게 말씀합니다.

"자녀들은 혈과 육에 속하였으매 그도 또한 같은 모양으로 혈과 육을 함께 지니심은"(히2:14)

하나님께서 육신의 몸으로 이 세상에 오셨다는 것을 인간의 머리로 이해한다는 것은 몹시 어려운 것이 사실입니다. 그럼에도 불구하고 이것은 성육신하신 예수 그리스도께서 아주 특별하게 인간 고통 속으로 들어오신 것을 말합니다. 인간 한계 속으로 들어오신 것을 말합니다. 인간 삶 속으로, 인간 모습 속으로 들어오신 것을 말합니다(롬8:3). 다시 말해 예수 그리스도는 인간의 몸을 입으시고, 인간의 연약함을 지닌 채, 인간의 삶을 사셨다는 말씀입니다. 더불어 예수 그리스도의 성육신에 대해 우선적으로 관심 갖고 집중해서 눈여겨보아야 할 말씀은 다음과 같습니다.

> "그는 근본 하나님의 본체시나 하나님과 동등됨을 취할 것으로 여기지 아니하시고 오히려 자기를 비워 종의 형체를 가지사 사람들과 같이 되셨고 사람의 모양으로 나타나사 자기를 낮추시고 죽기까지 복종하셨으니 곧 십자가에 죽으심이라"(빌 2:6~8)

신성과 인성을 가지신 예수 그리스도입니다.

> "그의 아들에 관하여 말하면 육신으로는 다윗의 혈통으로 나셨고 성결의 영으로는 죽은 자들 가운데서 부활하사 능력으로 하나님의 아들로 선포되셨으니 곧 우리 주 예수 그리스도시니라"(롬1:3~4)

예수 그리스도는 신의 성품과 사람의 성품을 동시에 가지셨습니다. 하나님이신 동시에 우리와 동일한 성정을 가진 사람이요, 온전한 사람이신 동시에 하나님이시라는 사실입니다. 그럼에도 불구하고 그 인격은 둘이 아니라 오직 하나입니다. 예수 그리스도에 대한 신성과 인성은 사람으로서는 이해하기 어려운 신비임이 분명합니다. 예수 그리스도의 신성과 인성을 인간의 한계 때문에 깊이 이해하기는 어렵지만 그럼에도 불구하고 성경은 많은 증거를 보여주고 있습니다. 그렇다면 예수 그리스도의 신성과 인성을 증거하는 것은 무엇이고, 신성과 인성이 필요한 이유는 무엇일까요?

1) 예수 그리스도의 신성을 증거하는 것은 무엇입니까?

구약 성경이 증거합니다(사9:6; 렘23:5~6; 단7:13; 미5:2; 말3:1~2 등). 예수 그리스도 자신이 증거합니다(마11:27; 막14:61~65; 요5:18, 6:57, 8:58, 12:44~45 등). 사도들과 신약 저자들이 증거합니다(마1:23; 요1:1,34, 20:28; 행9:19~20; 롬9:5; 골 1:15; 딛2:13 등). 예수 그리스도에게 붙여진 명칭이 증거 합니다(마1:23; 눅2:11; 요1:1; 히1:8; 요일5:20; 계1:17, 8, 22:13 등). 예수 그리스도의 속성(성품)이 증거합니다(마28:20; 요2:24~25, 17:5; 고전15:27; 골1:17; 히1:3, 13:8 등).

2) 예수 그리스도의 인성을 증거하는 것은 무엇입니까?

구약 성경이 증거합니다(창3:15, 22:18; 삼하 7:12~13; 사 7:14, 9:6; 미5:2 등). 예수 그리스도 자신이 증거합니다(마 8:20; 요8:39~40 등). 신약 저자들과 사도들이 증거합니다(마1:1~17; 눅3:23~38, 24:39; 요1:14, 4:9; 롬5:15; 고전15:21; 딤전2:5 등). 다양하게 증거합니다(마4:1~2, 27:50; 눅22:44; 요4:6, 11:35, 19:28, 34; 요일4:2 등).

3) 예수 그리스도에게 신성과 인성이 필요한 이유는 무엇입니까?

가장 먼저 선택된 하나님의 백성을 구원하기 위함입니다. 사람의 본성을 갖고 있으나 죄는 없으신 분이 되셔야 하기 때문입니다(히 4:15). 그래서 신성과 인성이 필요했습니다. 그리고 구원 받은 그리스도인들에게 모범을 보여 주시기 위해서입니다. 그러기 위해서는 완전한 인간이 되셔야 했습니다(벧전2:22~23). 인성이 필요했습니다. 끝으로 하나님으로서의 성품을 가지고 있었던 것은, 죄 많은 사람을 구원하기 위해서는 완벽한 하나님이어야 가능하기 때문입니다. 그래서 신성이 필요했습니다.

예수 그리스도는 신성과 인성을 함께 동시에 갖고 계신 한 인격이십니다. 우리는 이러한 말씀들을 완전하게 이해할 수 없습니다. 충분하게 설명할 수 없습니다. 예수 그리스도의 신성과 인성은 사람들의 능력과 이성과 이해력의 범주를 벗어난 문제입니다. 이것은 한마디로 "경건의 비밀"(딤전 3:16)입니다. 우리의 할 일은 이해가 아니라 우리 자신을 성경말씀에 복종시키는 것입니다. 성경말씀에 귀 기울이는 것입니다. 성경말씀을 의지하는 것입니다.

승리하신 예수 그리스도입니다.

"십자가로 그들을 이기셨느니라"(골2:15)

그리스도인은 예수 그리스도의 십자가의 피 흘림으로 말미암아 구원을 받게 되었습니다. 영생을 얻게 되었습니다. 천국을 소유하게 되었습니다. 십자가의 처절한 고통과 아픔 속에서도 예수 그리스도께서 승리하셨기에 이 모든 것이 가능하게 된 것입니다. 만약 예수 그리스도께서 십자가 사건을 거절하셨다면 구원은 없었을 것입니다. 불순종하셨다면 영생은 없었을 것입니다. 회피하고 모른 척하셨다면 천국은 없었을 것입니다. 하지만 예수 그리스도의 십자가 사건이 승리로 끝났기에 우리 그리스도인들도 항상 이렇게 고백할 수 있는 것입니다.

> "항상 우리를 그리스도 안에서 이기게 하시고 우리로 말미암아 각처에서 그리스도를 아는 냄새를 나타내시는 하나님께 감사 하노라"(고후2:14)
> "그러나 이 모든 일에 우리를 사랑하시는 이로 말미암아 우리가 넉넉히 이기느니라"(롬8:37)

십자가 사건, 다시 말해 죽음과 부활을 통해 예수 그리스도께서 승리하셨다면 좀 더 구체적으로 승리한 대상들은 무엇입니까?

1) 사탄으로부터 승리하셨습니다.

십자가는 죄 짓고, 어리석으며, 영원히 멸망받을 수밖에 없는 자들을 위해 대신 죄악들을 짊어지신 역사적인 사건입니다. 또한 십자가는 하나님의 놀라운 사랑을 아낌없이 희생으로 보여준 사랑의 징표입니다. 십자가는 한마디로 승리의 상징입니다. 그러므로 십자가는 사탄이 패할 수밖에 없는 사건입니다. 사탄이 어찌해 볼 수 없는 사건입니다.

> "이제 이 세상에 대한 심판이 이르렀으니 이 세상의 임금이 쫓겨나리라"(요12:31)
> "통치자들과 권세들을 무력화하여 드러내어 구경거리로 삼으시고 십자가로 그들을

이기셨느니라"(골2:15)

우리는 이미 예수 그리스도께서 어려운 상황 속에서도 마귀의 유혹과 시험과 공격을 이기셨음을 보았습니다(마4:1~14).

2) 죄로부터 승리하셨습니다.

우리 모두는 하나님 앞에서 타락함으로 죄가 발생하게 되었습니다. 불순종함으로 죄 가운데 살게 되었습니다. 정욕과 탐심과 욕심으로 죄를 짓게 되었습니다. 자연인으로 믿음 없이 살면 타락할 수밖에 없습니다. 불순종할 수밖에 없습니다. 마음대로 살 수밖에 없습니다. 이렇게 계속 살다보면 타락, 불순종, 부패한 마음이 삶을 지배합니다. 삶의 중심을 흐트러지게 합니다. 그런데 이 모든 죄를 예수 그리스도께서 정복하시고 승리하셨다고 말씀합니다. 더불어 예수 그리스도를 믿는 사람들도 승리했다고 말씀합니다.

> "그가 죽으심은 죄에 대하여 단번에 죽으심이요 그가 살아 계심은 하나님께 대하여 살아 계심이니 이와 같이 너희도 너희 자신을 죄에 대해서는 죽은 자요 그리스도 예수 안에서 하나님께 대하여는 살아 있는 자로 여길지어다"(롬6:10~11)
> "그러므로 이제 그리스도 예수 안에 있는 자에게는 결코 정죄함이 없나니 이는 그리스도 예수 안에 있는 생명의 성령의 법이 죄와 사망의 법에서 너를 해방하였음이라"(롬8:1~2)

3) 죽음으로부터 승리하셨습니다.

인간 세상에서 죽음은 대면하고 싶지 않은 가장 큰 두려움의 대상입니다. 어느 누가 죽음을 맞이하고 싶겠습니까? 그래서 죽음은 인간에게 있어 가장 슬프고, 가장 참혹하고, 가장 눈물짓게 하는 사건입니다. 또한 죽음은 죄인이 반드시 만나고 대면해야 할 원수 중에서도 가장 큰 원수이기도 합니다. 세상 속에서 죽음이라는 원수를 비켜갈 수는 없습니다. 절망적이라는 말입니다.

"죄의 삯은 사망이요"(롬6:23)

대부분의 많은 사람들, 다시 말해 하나님을 믿지 않는 사람들, 죄 가운데 살아가는 사람들, 귀신이나 우상을 숭배하는 사람들이 더욱 더 죽음에 대해 두려움을 갖고 있습니다. 공포를 느낍니다. 죽음은 인간을 향해 대단한 위력으로 절망을 선사합니다. 평안을 빼앗아 갑니다. 앞이 보이지 않게 합니다. 그런데 이토록 무서운 죽음을 예수 그리스도께서 정복하시고 승리하셨다고 말씀합니다.

"죽음을 통하여 죽음의 세력을 잡은 자 곧 마귀를 멸하시며 또 죽기를 무서워하므로 한평생 매여 종 노릇 하는 모든 자들을 놓아 주려 하심이니"(히2:14~15)
"사망아 너의 승리가 어디 있느냐 사망아 네가 쏘는 것이 어디 있느냐"(고전15:55)
"우리 주 예수 그리스도로 말미암아 우리에게 승리를 주시는 하나님께 감사하노니"(고전15:57)

성육신 하신 예수 그리스도, 신성과 인성을 가지신 예수 그리스도, 승리하신 예수 그리스도를 찬양을 통해 핵심적으로 표현하고 싶습니다.

찬송가 80장 **"천지에 있는 이름 중"**

1절 천지에 있는 이름 중 귀하고 높은 이름
　　　주 나시기 전 지으신 구주의 이름 예수

2절 주 십자가에 달릴 때 명패에 쓰인 대로
　　　저 유대인의 왕이요 곧 우리 왕이시라

3절 지금도 살아 계셔서 언제나 하시는 일
　　　나 같은 죄인 부르사 참 소망 주시도다

4절 주 예수께서 영원히 어제나 오늘이나
　　　그 이름으로 우리게 참 복을 내리신다.

후렴 주 앞에 내가 엎드려 그 이름 찬송함은
　　　내 귀에 들린 말씀 중 귀하신 이름 예수 아멘.

"내가 아직도 너희에게 이를 것이 많으나
지금은 너희가 감당하지 못하리라 그러나
진리의 성령이 오시면 그가 너희를 모든 진리 가운데로
인도하시리니 그가 스스로 말하지 않고
오직 들은 것을 말하며 장래 일을 너희에게 알리시리라"

- 요16:12~13

5장 · 성령 하나님

덴마크 출신의 세계적인 아동문학가 안데르센의 청년시절 이야기입니다. 그는 스웨덴의 여류 소설가 브레멘을 만나기 위해 여객선에 올랐습니다. 선장과 대화를 나누던 중 자신의 여행 목적을 설명했습니다. 그러자 선장이 안타까운 표정으로 말했습니다.

"안데르센 씨, 참 안됐군요. 최근 신문에 브레멘 여사가 외국 여행 중이라는 뉴스를 보았습니다. 모처럼 여행인데 헛걸음을 하게 됐군요."

안데르센은 깊은 절망에 빠졌습니다. 많은 시간과 비용을 들여 실행에 옮긴 방문 여행이 아무런 소용이 없게 된 것입니다. 선장은 안데르센을 위로하며 조정실로 들어갔습니다. 그런데 몇 시간 후, 선장이 소리를 지르며 다시 나타났습니다.

"안데르센 씨, 기적이 일어났습니다. 당신이 그토록 만나고 싶었던 브레멘 여사가 지금 이 배에 타고 있습니다. 이제 당신은 꿈을 이룬 것입니다."

자신이 그토록 만나고 싶었던 작가는 그와 같은 배를 타고 있었습니다. 그러나 그 사실을 전혀 모른 채 절망했던 것입니다. 안데르센은 배 안에서 브레멘을 만났습니다. 그리고 많은 유익한 대화를 나누는 기쁨을 누렸습니다.

브레멘과 같은 배에 탄 안레르센 이야기와 마찬가지로 성령 하나님은 지금 우리와 같은 인생의 배를 타고 계십니다. 그리고 언제나 우리와 대화하기를 원하십니다. 우리가 절망할 때 위로해 주십니다. 그분은 항상 나에게 속삭여 주십니다. 하지만 우리는 그 사실을 모른 채 오직 멀리 있는 하나님만 생각하는 우를 범합니다. 성령 하나님은 지금 나와 여러분과 함께 호흡하고 계신데도 말입니다.

성부 하나님은 인간 구원을 계획하셨습니다(요17:6). 얼마나 감사한 일인지 알 수 없습니다. 성자 하나님이신 예수 그리스도는 인간 구원을 성취하셨습니다(롬5:19). 예수 그리스도의 구원사역으로 많은 사람들에게 기회가 생겼습니다. 성령 하나님은 인간 구원을 각 개인에게 적용하십니다(고후3:18). 다시 말해 구원이 실현될 수 있도록 간섭하시고 이끄시는 분이십니다. 따라서 성부 하나님, 성자 하나님, 성령 하나님은 영원히 동등하시고, 동일하시며, 공존하시는 분이십니다.

그런데 문제는 이런 성령 하나님에 대해 무관심했던 일이 기독교 역사 속에 있었습니다. 성령 하나님에 대한 무지로 말미암아 성령 하나님에 대한 관심이 서서히 사라져 갔던 것입니다. 이것은 대단히 잘못된 현상이고 놀라운 일이며 바로 잡아야 할 문제입니다. 초대교회 그리스도인들은 성령 하나님을 온전히 믿었습니다. 자연스럽게 믿었습니다. 문제없이 믿었습니다. 그러나 시간이 지남에 따라 점차 성령 하나님을 무관심하게 여기게 되었습니다. 많은 시간이 흘러 종교개혁 시대에 이르러서야 비로소 새롭게 성령 하나님에 대해 눈을 뜨면서 인식하게 되었습니다. 이러한 성령 하나님은 어떤 분이실까요?

인격적인 분이십니다.

성령 하나님께서 인격적인 분이시라는 것은 사람처럼 느끼고, 알고, 듣고, 생각하는 분이라는 뜻입니다. 인격적이신 성령 하나님이시기에 사람과 교통할 수 있는 것입니다. 친근감을 느끼며 스스럼없이 다가갈 수 있는 것입니다. 한 마디로 사람과 교류할 수 있는 분이라는 말입니다. 그리고 말씀하시는 분이라는 말입니다.

"귀 있는 자는 성령이 교회들에게 하시는 말씀을 들을지어다"(계2:7)

성령 하나님께서 인격적이라는 것을 우상과 비교해보면 훨씬 쉽게 이해할 수 있습니다.

"입이 있어도 말하지 못하며 눈이 있어도 보지 못하며 귀가 있어도 듣지 못하며 코가 있어도 냄새를 맡지 못하며 손이 있어도 만지지 못하며 발이 있어도 걷지 못하며 목구멍이 있어도 작은 소리조차 내지 못하느니라"(시115:5~7)

우리가 성령 하나님이 인격적인 분이라는 것을 잘 이해하지 못하는 것은 성령 하나님에 대해 신비스럽고 접근하기 어려운 분으로 생각하기 때문입니다. 또한 비인격적인 존재로 오해하기 때문입니다. 성령 하나님에 대해 가깝게 접근했을 때 다음과 같은 말씀들의 표현을 잘못 이해했기 때문입니다. 성령 하나님을 물(요7:37~39), 불(행2:3), 바람(요3:5~8), 비둘기(마3:16; 요1:32~34), 기름(고후1:21~22) 등으로만 이해할 때 인격적인 분이라는 것을 놓칠 수 있습니다. 이러한 상황을 볼 때 성령 하나님께서 인격적인 분이시라는 것을 어떻게 알 수 있을까요?

1) 지적인 것을 통해 알 수 있습니다.

"성령은 모든 것 곧 하나님의 깊은 것까지도 통달하시느니라 사람의 일을 사람의 속에 있는 영 외에 누가 알리요 이와 같이 하나님의 일도 하나님의 영 외에는 아무도 알지 못하느니라"(고전2:10~11)
"베드로가 이르되 아나니아야 어찌하여 …네가 성령을 속이고 땅 값 얼마를 감추었느냐"(행5:3~4)

2) 정적인 것을 통해 알 수 있습니다.

"형제들아 내가 우리 주 예수 그리스도와 성령의 사랑으로 말미암아 너희를 권하노니"(롬15:30)
"하나님의 성령을 근심하게 하지 말라"(엡4:30)

3) 의지적인 것을 통해 알 수 있습니다.

"성령이 아시아에서 말씀을 전하지 못하게 하시거늘 무시아 앞에 이르러 비두니아로 가고자 애쓰되 예수의 영이 허락하지 아니하시는지라"(행16:6~7)

"이 모든 일은 한 성령이 행하사 그의 뜻대로 각 사람에게 나누어 주시는 것이니라"(고전12:11)

신성을 갖고 계신 분이십니다.

성령 하나님은 성부 하나님, 성자 하나님이신 예수 그리스도와 함께 항상 동등하시고 동일시되는 분으로 언급되고 있습니다(마28:19; 고후13:13). 이것은 매우 중요합니다. 왜냐하면 성령 하나님께서 인격적인 분이라고 하더라도 신성이 없으면 성부 하나님, 성자 하나님이신 예수 그리스도와 더불어 예배를 받으실 수 없기 때문입니다. 또한 인간 구원에 있어서도 절대적인 영향력을 행사할 수 없게 되기 때문입니다. 성경은 성령 하나님의 인격적인 부분뿐만 아니라 신석 능력까지 함께 갖고 있음을 정확하게 보여줍니다. 성부 하나님, 성자 하나님과 똑같은 신적 능력을 가지고 계시는 하나님이시라고 거듭 거듭 일관되게 알려줍니다. 이러한 성경의 입장을 무엇으로 분명하게 알 수 있을까요?

1) 성령을 하나님이라고 부르는 것으로 알 수 있습니다.

"베드로가 이르되 아나니아야 어찌하여 …네가 성령을 속이고 땅 값 얼마를 감추었느냐 …사람에게 거짓말한 것이 아니요 하나님께로다"(행5:3~4)

"너희는 너희가 하나님의 성전인 것과 하나님의 성령이 너희 안에 계시는 것을 알지 못하느냐"(고전3:16)

2) 성령이 인간 구원을 주도하는 것으로 알 수 있습니다.

"예수께서 대답하시되 진실로 진실로 네게 이르노니 사람이 물과 성령으로 나지 아니하면 하나님의 나라에 들어갈 수 없느니라"(요3:5)
"우리를 구원하시되 우리가 행한 바 의로운 행위로 말미암지 아니하고 오직 그의 긍휼하심을 따라 중생의 씻음과 성령의 새롭게 하심으로 하셨나니"(딛3:5)

3) 성령을 예배 받으실 분으로 제시하는 것으로 알 수 있습니다.

"하나님은 영이시니 예배하는 자가 영과 진리로 예배할지니라"(요4:24)
"주 예수 그리스도의 은혜와 하나님의 사랑과 성령의 교통하심이 너희 무리와 함께 있을지어다"(고후13:13)

일하시는 분이십니다.

성령 하나님은 성자 하나님이신 예수 그리스도께서 인간 구원을 위해 성취하신 역사적인 사건을 보다 구체적으로 각 개인에게 적용하시는 일을 하십니다. 구원받지 못한 사람들을 주목하셔서 구원받을 수 있도록 감동을 주시고 이끌어 주십니다. 구원받은 사람들은 더욱 더 온전하게 복 받는 삶을 살 수 있도록 도와주시고 인도하십니다. 구원받지 못한 사람들은 구원받을 수 있도록 기회를 주시고, 구원받은 사람들은 전 삶에 간섭하셔서 귀한 열매를 맺고 귀한 복을 받을 수 있도록 이끌어 주십니다. 성령 하나님은 오늘도 변함없이 택함 받을 사람들을 위해, 그리고 이미 택함 받은 사람들을 위해 끊임없이 일하고 계십니다. 이러한 성령 하나님의 일하심을 무엇으로 알 수 있을까요?

1) 거듭나게 하시는 것으로 알 수 있습니다.

"육으로 난 것은 육이요 영으로 난 것은 영이니 내가 네게 거듭나야 하겠다 하는 말을 놀랍게 여기지 말라 바람이 임의로 불매 네가 그 소리를 들어도 어디로 와서 어디로 가는지 알지 못하나니 성령으로 난 사람도 다 그러하니라"(요3:6~8)

2) 진리를 알게 하시는 것으로 알 수 있습니다.

"그러나 진리의 성령이 오시면 그가 너희를 모든 진리 가운데로 인도하시리니"(요16:13)

3) 권능을 주시는 것으로 알 수 있습니다.

"오직 성령이 너희에게 임하시면 너희가 권능을 받고 예루살렘과 온 유대와 사마리아와 땅 끝까지 이르러 내 증인이 되리라 하시니라"(행1:8)

4) 중보기도 하시는 것으로 알 수 있습니다.

"이와 같이 성령도 우리의 연약함을 도우시나니 우리는 마땅히 기도할 바를 알지 못하나 오직 성령이 말할 수 없는 탄식으로 우리를 위하여 친히 간구하시느니라"(롬 8:26)

5) 은사를 주시는 것으로 알 수 있습니다.

"어떤 사람에게는 성령으로 말미암아 지혜의 말씀을 어떤 사람에게는 같은 성령을 따라 지식의 말씀을 …같은 성령으로 믿음을 …한 성령으로 병 고치는 은사를 …능력 행함을 …예언함을 …영을 분별함을 …각종 방언 말함을 …방언들 통역함을 주시나니 이 모든 일은 같은 한 성령이 행하사 그의 뜻대로 각 사람에게 나누어 주시는 것이니라"(고전12:8~11)

6) 열매를 맺게 하시는 것으로 알 수 있습니다.

"오직 성령의 열매는 사랑과 희락과 화평과 오래 참음과 자비와 양선과 충성과 온유와 절제니 이 같은 것을 금지할 법이 없느니라"(갈5:22~23)

그리스도인들이 신앙생활을 너무 쉽게 생각하는 이유는 무엇일까요? 교회 다니는 것을 너무 가볍게 여기는 이유는 무엇일까요? 구원받은 그리스도인이라고 하면서도 함부로 행동하고 생각 없이 살아가는 이유는 무엇일까요? 한 마디로 성령 하나님을 몰라서 그렇습니다. 현재 나와 함께 하시는 성령 하나님, 내 마음 속에 좌정해 계시는 성령 하나님, 나를 인도하시고, 보호하시고, 주관하시는 성령 하나님을 의식하지 않고 무감각할 때 이런 현상이 일어나는 것입니다.

> "너희 몸은 너희가 하나님께로부터 받은 바 너희 가운데 계신 성령의 전인 줄을 알
> 지 못하느냐"(고전6:19)

그리스도인들은 어디에서 무엇을 하든지 우리 몸 안에 성령 하나님께서 계시다는 것을 분명하게 알고 살아야 합니다. 인격적인 성령 하나님, 신성을 갖고 계시는 성령 하나님, 일하시는 성령 하나님께서 함께하신다는 것을 알아야 합니다.

"주 예수 그리스도의 은혜와
하나님의 사랑과 성령의 교통하심이
너희 무리와 함께 있을지어다"

- 고후13:13

6장 · 삼위일체(三位一體) 하나님

중국의 사상가 주희가 지은 '시집전(詩集傳)'에 이런 시가 나옵니다.

　메마른 강어귀에 큰 배 한 척이 있었네
　그 배는 너무 커서 어떠한 노력에도 꿈쩍하지 않았네
　포기할까 더 노력할까
　그 배는 나의 한계를 가르치는 스승과 같았네
　그러나 그날 밤, 밤새 내린 비가 그친 후
　강가에 서서 나는 보았네
　물에 떠 움직이는 그 커다란 배를…

우리는 살아가면서 이와 비슷한 순간들을 수없이 만나게 됩니다. 꿈쩍도 하지 않는 장애물 앞에서 주저앉아 어찌하지 못할 때가 있습니다. 이럴 때 삼위일체 하나님의 음성을 기억해야 합니다.

"내 손이 어찌 짧아 구속하지 못하겠느냐 내게 어찌 건질 능력이 없겠느냐"(사50:2)
"만군의 여호와께서 말씀하시되 이는 힘으로 되지 아니하며 능력으로 되지 아니하고 오직 나의 영으로 되느니라"(슥4:6)

"예수께서 이르시되 할 수 있거든이 무슨 말이냐 믿는 자에게는 능히 하지 못할 일이 없느니라 하시니"(막9:23)

큰 배를 움직일 수 있는 비결이 있습니다. 얽히고설킨 문제들을 해결할 방법이 있습니다. 성부 하나님의 능력을 구하고 신뢰합시다. 성자 하나님의 은혜를 기대하며 신뢰합시다. 성령 하나님의 역사를 소망하며 신뢰합시다. 어렵고 힘든 최악의 상황에서도 삼위일체 하나님을 만나면 최고의 결과를 얻을 수 있다는 믿음을 가질 때 놀라운 일은 벌어집니다. 인생 최고의 만남은 삼위일체 하나님을 만나는 것입니다. 삼위일체 하나님을 통해 힘과 능력, 소망과 위로, 복과 은혜, 생명과 진리를 받고 누릴 수 있다는 것은 너무 감격스럽고 황홀합니다.

그런데 문제는 삼위일체 하나님을 알아 가면 갈수록 신비로우면서도 어렵고, 독특하면서도 영광스러우며, 위대하면서도 놀라운 면들이 있다는 것입니다. 세 분 하나님(三位) 이시나 동일한(一體) 한 분 하나님을 이해하기란 몹시 어렵다는 사실입니다. 성경에는 삼위일체 하나님이라는 용어가 없기에 더욱더 그러합니다. 육체를 가지고 있기에 시간과 공간과 현실에 직면하여 살고 있는 인간의 사고로는 삼위일체 하나님을 완전하게 설명하고 이해하기에는 한계가 있습니다. 어쩌면 절대 불가능할지도 모릅니다. 그럼에도 불구하고 성경에는 삼위일체 하나님의 활동사역이 분명하게 드러나고 있습니다. 그러므로 세심한 주의를 기울이며 알아가기만 한다면 어마어마하게 마음속 깊이 밀려오는 감동과 전율은 고스란히 나의 것이 된다는 것입니다. 그렇다면 삼위일체 하나님에 대해 알아야 할 것은 무엇일까요?

관계성

인간적인 관계는 좋을 때와 나쁠 때가 확실하게 구분되는 어설프고 끝이 있는 관계지만 삼위일체 하나님의 관계는 완벽하고 완전한 관계성을 갖고 있습니다. 또한 영원한 관계성을 갖고 있습니다. 한계가 있는 인간적인 용량으로는 이해하기 몹시 어렵지만 다음의 말씀들이 이를 증명합니다.

1) 영원히 함께 존재하십니다.

영원 전부터 함께 하셨고 앞으로도 영원히 함께 하십니다. 서로 떨어질 수 없고 분리될 수 없습니다.

> "그러나 우리에게는 한 하나님 곧 아버지가 계시니 만물이 그에게서 났고 …또한 한 주 예수 그리스도께서 계시니 만물이 그로 말미암고"(고전8:6)
> "태초에 말씀이 계시니라 이 말씀이 하나님과 함께 계셨으니 이 말씀이 곧 하나님이시니라"(요1:1)
> "베드로가 이르되 아나니아야 어찌하여 사탄이 네 마음에 가득하여 네가 성령을 속이고 땅 값 얼마를 감추었느냐 … 사람에게 거짓말한 것이 아니요 하나님께로다"(행 5:3~4)

2) 영원히 함께 동등하십니다.

본질, 능력, 영광 등의 모든 면에서 동등하십니다. 어느 누가 어느 누구에게 종속되거나 열등하지 않는다는 말입니다.

"내가 아버지 안에 거하고 아버지께서 내 안에 계심을 믿으라"(요14:11)

"내가 아버지께 구하겠으니 그가 또 다른 보혜사를 너희에게 주사 영원토록 너희와 함께 있게 하리니"(요14:16)

"아버지여, 아버지께서 내 안에, 내가 아버지 안에 있는 것 같이"(요17:21)

3) 영원히 함께 동일하십니다.

모든 면에서 완벽한 조화와 통일을 이룹니다. 성부, 성자, 성령 하나님은 하나라는 말입니다.

"그러므로 너희는 가서 모든 민족을 제자로 삼아 아버지와 아들과 성령의 이름으로 침례를 베풀고"(마28:19)

"주 예수 그리스도의 은혜와 하나님의 사랑과 성령의 교통하심이 너희 무리와 함께 있을지어다"(고후13:13)

"나와 아버지는 하나이니라 하신대"(요10:30)

사역의 순위

삼위일체 하나님을 살펴보면 일정한 사역의 순서와 구분이 확연히 드러남을 알 수 있습니다. 우선적으로 성부 하나님을 제일 먼저에 두고 성자 하나님을 그 다음으로 성령 하나님을 세 삼의 위치에 두는 순서입니다. 대표적인 구원사역의 순서와 사역 분담은 이렇습니다.

1) 성부 하나님은 구원사역을 계획하셨습니다.

부패하고 악한 사람들을 불쌍히 여기셔서 구원하시기 위해 성자 하나님이신 예수님을 이 세상에 보내시기로 계획하시고 실행하신 분은 성부 하나님이십니다. 성부 하나님의 이러한 구원 계획과 실행하심이 없었다면 어찌 되었을까를 생각하면 참담하기만 합니다.

"때가 차매 하나님이 그 아들을 보내사 여자에게서 나게 하시고 율법 아래에 나게 하신 것은 율법 아래에 있는 자들을 속량하시고 우리로 아들의 명분을 얻게 하려 하심이라"(갈4:4~5)
"그가 모든 사람을 위하여 자기를 대속물로 주셨으니 기약이 이르러 주신 증거니라"(딤전2:6)

2) 성자 하나님은 구원사역을 성취하셨습니다.

사람으로 태어나시고 고난과 멸시를 받으셨습니다. 그리고 십자가에 피흘려 죽으심으로 구원사역을 온전히 완성하셨습니다. 성자 하나님 되신 예수님의 십자가에서의 피흘려 죽으심은 구원받은 사람들에게는 놀라운 은혜가 아닐 수 없습니다.

"한 사람이 순종하지 아니함으로 많은 사람이 죄인 된 것 같이 한 사람이 순종하심으로 많은 사람이 의인이 되리라"(롬5:19)
"다 이루었다 하시고"(요19:30)

3) 성령 하나님은 구원사역을 개개인에게 적용하십니다.

아직까지 믿지 않는 사람들에게는 감동을 주셔서 믿게 하시고, 믿음으로 구원받은 사람들에게는 귀한 삶을 살도록 지켜주시고 인도하십니다. 성령 하나님의 조명과 감동하심은 지금도 계속되고 있습니다. 성령 하나님의 적용하심이 있기에 구원받은 그리스도인들이 존재하는 것입니다.

> "주는 영이시니 주의 영이 계신 곳에는 자유가 있느니라 우리가 다 수건을 벗은 얼굴로 거울을 보는 것 같이 주의 영광을 보매 그와 같은 형상으로 변화하여 영광에서 영광에 이르니 곧 주의 영으로 말미암음이니라"(고후3:17~18)
> "우리 구주 예수 그리스도로 말미암아 우리에게 그 성령을 풍성히 부어 주사 우리로 그의 은혜를 힘입어 의롭다 하심을 얻어 영생의 소망을 따라 상속자가 되게 하려 하심이라"(딛3:6~7)

성경적 근거

1) 구약

신약만큼 구체적이면서 다양하게 소개되지는 않습니다. 하지만 삼위일체 하나님에 대한 말씀은 여러 곳에서 발견됩니다. 구약은 삼위일체 하나님에 대해 확실하게 드러내고 있지는 않지만 부분적으로 계시한다는 점이 신약과는 다릅니다. 예를 들어보겠습니다.

① 하나님을 한 분 이상으로 언급하고 있습니다(창3:22, 11:7; 사6:8).

"하나님이 이르시되 우리의 형상을 따라 우리의 모양대로 우리가 사람을 만들고"(창1:26)

② 한 분 이상의 인격이 하나님 안에 있습니다(사48:16, 61:1).

"여호와께서 내 주에게 말씀하시기를 내가 네 원수들로 네 발판이 되게 하기까지 너는 내 오른쪽에 앉아 있으라 하셨도다"(시110:1)

③ '여호와의 사자'라는 표현이 하나님과 똑같이 사용되었습니다(출3:2~5; 삿13:18).

"여호와의 사자가 또 그에게 이르되 네가 임신하였은즉 아들을 낳으리니 그 이름을 이스마엘이라 하라 이는 여호와께서 네 고통을 들으셨음이니라"(창16:11)

④ 성령이 인격성을 가지고 있음을 알려줍니다(창6:3; 느9:20; 시139:7).

"누가 여호와의 영을 지도하였으며 그의 모사가 되어 그를 가르쳤으랴"(사40:13)

2) 신약

신약은 구약보다는 좀 더 풍부하게 묘사된 부분이 많은 것이 사실입니다. 하지만 구약에서 조직적으로 보여주지 못한 것처럼 신약에서도 조직적으로 삼위일체 하나님을 보여주는 것은 아니나 다만 구약에 소개된 부분보다는 풍부합니다. 또한 신약에서는 삼위일체 하나님을 좀 더 자연스럽게, 확실하고 온전하게 그리고 뚜렷하게 보여준다는 특징이 있습니다.

① 삼위의(성부, 성자, 성령) 하나님이 한 분 한 분 영원하신 하나님으로 증거 됩니다(고전2:11, 8:6; 행5:3~4; 갈1:1; 딛2:13).

"육신으로 하면 그리스도가 그들에게서 나셨으니 그는 만물 위에 계셔서 세세에 찬양을 받으실 하나님이시니라 아멘"(롬9:5)

② 삼위의(성부, 성자, 성령) 하나님이 서로 서로를 인격적으로 대하십니다(마10:40; 요3:35, 14:16, 15:10, 16:13~14; 롬8:26~27; 히7:24~25).

"말할 때에 홀연히 빛난 구름이 그들을 덮으며 구름 속에서 소리가 나서 이르시되 이는 내 사랑하는 아들이요 내 기뻐하는 자니 너희는 그의 말을 들으라 하시는지라"(마17:5)

③ 삼위의(성부, 성자, 성령) 하나님이 각각 다른 모습으로 동시에 표현됩니다(마3:16~17, 28:19; 눅1:35; 요15:26).

"주 예수 그리스도의 은혜와 하나님의 사랑과 성령의 교통하심이 너희 무리와 함께 있을지어다"(고후13:13)

사이비나 이단들이 주로 왜곡하는 주제가 바로 삼위일체 하나님입니다. 자기들의 입맛에 맞게 멋대로 해석하여 사람들의 마음을 훔치고 혼란스럽게 하는 경우입니다. 이러한 일들이 수천 년 동안 이어져 오고 있고 지금도 지구촌 곳곳에서 일어나고 있습니다. 삼위일체 하나님에 대한 성경의 말씀은 분명합니다. 과거에도 현재에도 미래에도 여전히 삼위일체 하나님의 사역은 변함이 없다는 것입니다. 성부 하나님은 구원을 계획하시고, 성자 하나님은 구원을 성취하시며, 성령 하나님은 구원을 적용하시는 사역 말입니다. 어쩌면 인간의 지식과 지혜의 한계로 인해 비밀스럽고 신비한 삼위일체 하나님을 완전하게 이해하기는 불가능할지 모릅니다. 앞으로 다가올 수많은 시간 속에서도 삼위일체 하나님을 완벽하게 이해하기가 어려울지 모릅니다. 그럼에도 불구하고 삼위일체 하나님을 찬양합시다. 나와 여러분의 구원을 직접 계획하시고, 성취하시며, 적용하시고 계신 삼위일체 하나님을 찬양합시다. 할렐루야!

"그런데 뱀은 여호와 하나님이 지으신 들짐승 중에
가장 간교하니라 뱀이 여자에게 물어 이르되
하나님이 참으로 너희에게 동산 모든 나무의 열매를 먹지 말라 하시더냐
여자가 뱀에게 말하되 동산 나무의 열매를 우리가 먹을 수 있으나
동산 중앙에 있는 나무의 열매는 하나님의 말씀에
너희는 먹지도 말고 만지지도 말라 너희가 죽을까 하노라 하셨느니라
뱀이 여자에게 이르되 너희는 결코 죽지 아니하리라
너희가 그것을 먹는 날에는 너희 눈이 밝아져 하나님과 같이 되어
선악을 알 줄 하나님이 아심이니라
여자가 그 나무를 본즉 먹음직도 하고 보암직도 하고
지혜롭게 할 만큼 탐스럽기도 한 나무인지라
여자가 그 열매를 따먹고 자기와 함께 있는 남편에게도 주매
그도 먹은지라 이에 그들의 눈이 밝아져 자기들이 벗은 줄을 알고
무화과나무 잎을 엮어 치마로 삼았더라"

– 창3:1~7

7장 · 인간의 타락(범죄)

사람에게는 항상 알 수 없는 그 어떤 허전함이 있습니다. 남녀노소, 빈부귀천 할 것 없이 누구에게나 해당되는 공허함이 있습니다. 예를 들면 미래에 대한 불안이 있습니다. 삶에 대한 말 못할 고민이 있습니다. 육체를 끊임없이 엄습하는 질병이 있습니다. 성공에 대한 말할 수 없는 집착이 있습니다. 인간관계로 인한 보이지 않는 갈등이 있습니다. 천재지변에 대한 두려움이 있습니다. 이기적인 것을 알면서도 끊지 못하는 병폐가 있습니다. 죽음에 대한 엄청난 공포가 있습니다. 이런 것들을 달리 표현해 보면 인간의 삶이 어느 순간 육체적으로는 살아있는 목숨에서 죽어가는 목숨으로 변해버렸습니다. 도덕적 상태로는 선함에서 악함으로 변해버렸습니다. 영적 상태로는 하나님과의 교제에서 하나님과의 단절로 변해버렸습니다.

그렇다면 우리는 심각하게 질문해야 합니다. '원인은 무엇인가?' '무엇이 이렇게 달라지게 만들었는가?' '왜 이런 현상이 발생했는가?' '한숨 쉬고, 괴로워하고, 비참함을 느끼고, 불행을 경험하고, 삶을 몹시 힘들게 하는 것은 무엇인가?' 한마디로 인간의 타락 때문입니다. 인간의 범죄 때문입니다(롬 5:12). 한순간의 범죄가 영원히 씻을 수 없는 영원한 범죄가 되었습니다. 돌이킬 수 없는 아픔이 되었습니다. 땅을 치고 통곡하며 후회해도 소용없는 일이 되었습니다. 이러한 인간 타락(범죄)을 통해 알 수 있는 것은 무엇입니까?

인간의 타락(범죄)은 역사적 사실이라는 것을 알 수 있습니다.

인간의 타락은 심각한 문제입니다. 인간의 타락으로 좋지 않은 일들이 끊임없이 생기고, 이러한 좋지 않은 일들을 끊임없이 헤쳐나가야 하며, 이렇게 좋지 않은 일들로 끊임없이 고통당하는 것이 인간 삶의 현실이 되어버렸습니다. 원인은 무엇입니까? 바로 창세기 3장에서 말하고 있는 인간의 타락 때문입니다. 따라서 창세기 3장에 등장하는 인간의 타락은 만들어내지 않았습니다. 허황되지 않았습니다. 없는 것을 있는 것처럼 속이지 않았습니다. 달리 표현하면 비유가 아닙니다. 상징도 아닙니다. 전설도 아닙니다. 상상력도 아닙니다. 신화도 아닙니다. "역사적 사실입니다." 창세기 3장을 봤을 때 간사한 뱀의 등장, 유혹받는 인간, 인간의 타락, 죄에 대한 심판, 에덴동산에서의 추방 등의 모든 일에는 하나같이 모순이 전혀 없습니다. 문제가 전혀 없습니다. 이상한 것이 전혀 없습니다. 성경은 이렇게 말씀합니다.

"그들이 그 날 바람이 불 때 동산에 거니시는 여호와 하나님의 소리를 듣고 아담과 그의 아내가 여호와 하나님의 낯을 피하여 동산 나무 사이에 숨은지라"(창3:8)
"이르되 내가 동산에서 하나님의 소리를 듣고 내가 벗었으므로 두려워하여 숨었나이다"(창3:10)
"아담이 속은 것이 아니고 여자가 속아 죄에 빠졌음이라"(딤전2:14)

성경은 인간 타락으로 말미암아 인간이 죄인 되었음을 분명하게 밝힙니다. 이러한 인간 타락 때문에 인간은 스스로 죄인임을 고백하게 되었습니다. 많은 사람들이 자신의 입술의 고백을 통해 자연스럽게 죄인임을 마음을 다해 실토합니다.

"그러므로 내가 …티끌과 재 가운데서 회개하나이다"(욥42:6)

"그 때에 내가 말하되 화로다 나여 망하게 되었도다 나는 입술이 부정한 사람이요"(사6:5)

"시몬 베드로가 이를 보고 …주여 나를 떠나소서 나는 죄인이로소이다 하니"(눅5:8)

"세리는 멀리 서서 …가슴을 치며 이르되 하나님이여 불쌍히 여기소서 나는 죄인이로소이다 하였느니라"(눅18:13)

"죄인 중에 내가 괴수니라"(딤전1:15)

인간의 타락(범죄)에도 원인과 과정이 있었다는 것을 알 수 있습니다.

1) 인간의 타락 원인

인간의 타락 원인을 자세히 살펴보면 외부에서 유혹자가 있었다는 것을 분명하게 알 수 있습니다. 가만히 있는데 타락할 일은 없지 않겠습니까? 무엇인가에 의해서 타락되었다는 말입니다. 유혹자에 의해 유혹받아 건강하고 아름다운 아담과 하와가 타락하게 되었습니다. 이때의 타락은 가장 치명적인 타락이 되었습니다. 사람은 하나님의 형상대로 창조되었기에 선한 양심이 있었습니다. 행복한 삶과 활력 넘치는 기쁨이 있었습니다. 순수함과 바른 기준도 있었습니다. 깨끗한 행동과 하나님과의 친밀한 교제가 있었습니다. 이렇게 창조된 사람이 자기 스스로 타락할 일은 없는 것입니다.

그때까지만 해도 사람에게 타락할만한 일은 없었습니다. 부족함이 없는 넉넉한 삶을 살고 있었습니다. 또한 완전한 인격을 갖추고 있었습니다. 피조물 중에 가장 지혜롭고 올바른 처신을 할 줄 알았습니다. 그런데 유혹에 빠져 건강한 균형을 잃게 되었습니다. 인격을 상실하게 되었습니다. 혹독한 고통을 감당하게 되었습니다. 유혹의 순서를 살펴보면 인류의 대표인 아담을 유혹하는 것은 하와이며, 하와를 유혹하는 것은 뱀이며, 뱀의 배후에는 타락한 천사인 사탄이 있었음을 알 수 있습니다(계12:9; 요8:44).

2) 인간의 타락 과정

① 뱀의 간사한 유혹과 그에 따른 하와의 잘못된 어처구니없는 답변으로 시작됩니다.

"뱀이 여자에게 물어 이르되 하나님이 참으로 너희에게 동산 모든 나무의 열매를 먹지 말라 하시더냐 여자가 뱀에게 말하되 …동산 중앙에 있는 나무의 열매는 하나님의 말씀에 너희는 먹지도 말고 만지지도 말라 너희가 죽을까 하노라 하셨느니라"(창3:1~3)

② 유혹한 뱀이 하나님의 말씀을 변질시켜 버립니다.

"뱀이 여자에게 이르되 너희가 결코 죽지 아니하리라 너희가 그것을 먹는 날에는 너희 눈이 밝아져 하나님과 같이 되어 선악을 알 줄 하나님이 아심이니라"(창3:4~5)

③ 뱀의 유혹에 너무 쉽게 유혹당하고, 자신의 남편인 아담을 유혹하고 동참시킵니다.

"여자가 그 나무를 본즉 먹음직도 하고 보암직도 하고 지혜롭게 할 만큼 탐스럽기도 한 나무인지라 여자가 그 열매를 따먹고 자기와 함께 있는 남편에게도 주매 그도 먹은지라"(창3:6)

그리스도인들은 인간의 타락 과정을 유심히 관찰하고 살펴보면서 다시 한 번 삶에 경각심을 갖는 계기로 삼아야 합니다. 타락의 과정을 반면교사로 삼아야 합니다. 아담과 하와의 타락이 지금 이 시대에도 고스란히 또 다른 모양과 또 다른 모습으로 재현되기 때문입니다. 타락의 무서움이 이렇게도 끈질기고 생명력이 강하다는 것을 실감하게 됩니다. 현대인들의 삶에도 얼마나 많은 유혹이 있는지 모릅니다. 육신의 정욕이라는 죄악적인 욕망과, 안목의 정욕이라는 눈에 보이는 모든 것에 대한 욕심과, 이생의 자랑이라는 남에게 뽐내고 과시하는 허영심을 삼가 조심하고 또 조심해야 합니다(요일2:15~17).

인간의 타락(범죄)으로 인해 무서운 결과가 발생했다는 것을 알 수 있습니다.

1) 인간에게 내적인 변화가 생겼습니다.

수치심, 부끄러움, 양심의 가책, 하나님의 심판에 대한 공포, 죄를 다른 사람에게 돌리고자 하는 시도 등을 말합니다. 하나님께서 사람을 만드셨을 때 선하고 아름답게 만드셨기에 몸에 대해 어떤 잘못된 느낌이나 잘못된 문제가 전혀 없었습니다. 몸에 대한 관심이나 몸에 대해 신경 쓸 일이 없었습니다. 있는 그대로의 자연스러운 몸에 대해 의식할 일은 없었던 것입니다. 그런데 타락하게 되자 변하기 시작했습니다. 느낌이 달라지기 시작했습니다. 생각이 달라지기 시작했습니다. 그래서 부끄러워집니다. 상대방을 의식하게 됩니다. 몸에 대한 인식의 변화를 통해 스스로 범죄 했음을 알게 되었습니다.

"이에 그들의 눈이 밝아져 자기들이 벗은 줄을 알고 무화과나무 잎을 엮어 치마로 삼았더라"(창3:7)

2) 하나님과의 관계가 상실되었습니다.

하나님과의 관계가 끊어졌습니다. 그 결과 하나님을 피하게 됩니다. 하나님을 두려움의 대상으로 여깁니다. 하나님을 불편하게 여기고 스스로 숨어버리는 나약함을 보여줍니다. 결과적으로 그렇게도 좋았던 하나님과의 관계가 파탄에 이르게 되었습니다. 건널 수 없는 다리를 건너게 되었습니다. 타락한 순간 하나님과의 아름답던 관계가 끊어짐으로 죄의식을 느낀 것입니다. 뭔가 잘못을 저질렀음을 알았던 것입니다. 공포가 몰려왔던 것입니다. 하나님과의 관계가 끊어지는 것은 모든 것을 잃는 것이나 마찬가지였습니다. 이것은 너무나 안타까운 일이 아닐 수 없습니다. 타락의 결과로 일어난 일이기에 어쩔 도리가 없는 일이 되어 버렸습니다.

> "그들이 그날 바람이 불 때 동산에 거니시는 여호와 하나님의 소리를 듣고 아담과 그의 아내가 여호와 하나님의 낯을 피하여 동산 나무 사이에 숨은지라"(창3:8)
> "이르되 내가 동산에서 하나님의 소리를 듣고 내가 벗었으므로 두려워하여 숨었나이다"(창3:10)

3) 자연환경이 거칠게 바뀌게 되었습니다.

인간의 타락으로 말미암아 땅이 저주를 받았습니다. 그렇게도 아름답고 기름진 땅이 거칠고 거친 자연환경으로 변해버렸습니다. 가시덤불과 엉겅퀴로 대변되는 자연이 되었습니다. 어떤 곳은 황량하고 또 어떤 곳은 무서운 곳이 되었습니다. 자연 속에 도사리고 있는 위협적인 모습을 보면 인간의 타락이 얼마나 돌이킬 수 없는 큰 실수였는지 알 수 있습니다. 자연이 인간을 위협하는 대상이 된 것을 보면 타락의 결과가 얼마나 무서운 것인지 가슴 깊게 알게 됩니다. 가꾸어 주고 가꾸어 주어도 잠시 잠깐이면 어느새 거친 풀밭이 되는 것을 경험하면서 인간의 타락으로 저주받은 자연환경을 실감합니다.

> "땅은 너로 말미암아 저주를 받고 … 땅이 네게 가시덤불과 엉겅퀴를 낼 것이라"(창3:17~18)
> "피조물이 고대하는 바는 하나님의 아들들이 나타나는 것이니"(롬8:19)

4) 뱀은 저주를 받고, 하와는 고통을 당하고, 아담은 징계를 받았습니다.

뱀은 배로 기어 다니는 저주와 흙(티끌)을 먹는 저주를 받았습니다.

"여호와 하나님이 뱀에게 이르시되 네가 이렇게 하였으니 네가 모든 가축과 들의 모든 짐승들보다 더욱 저주를 받아 배로 다니고 살아 있는 동안 흙을 먹을지니라"(창 3:14)

하와는 잉태하는 고통과 남편에 의해 다스려지는 고통을 당합니다.

"또 여자에게 이르시되 내가 네게 임신하는 고통을 크게 더하리니 네가 수고하고 자식을 낳을 것이며 너는 남편을 원하고 남편은 너를 다스릴 것이니라 하시고"(창 3:16)

아담은 수고하고 땀 흘려야 먹을 수 있는 징계와 죽어 흙으로 돌아가는 징계를 받습니다.

"아담에게 이르시되 네가 네 아내의 말을 듣고 내가 네게 먹지 말라 한 나무의 열매를 먹었은즉"(창3:17)
"네가 흙으로 돌아갈 때까지 얼굴에 땀을 흘려야 먹을 것을 먹으리니 … 너는 흙이니 흙으로 돌아갈 것이니라 하시니라"(창3:19)

5) 죽음을 맞이하게 되었습니다.

인간의 타락으로 가장 무서운 일이 결국 일어나고 말았습니다. 그것은 죽음입니다. 그래서 누구나 죽음을 맞이합니다. 죽음 앞에서 장사는 없습니다. 결코 예외는 없습니다. 죽음을 피하고 싶지만 그것은 희망 사항일 뿐입니다. 죽음을 건너뛰고 싶지만 그것은 희망고문일 뿐입니다. 죽음 앞에서는 누구나 다 공평합니다. 죽음이라는 큰 충격 앞에 이르면 얼마나 타락의 결과가 비참한지 알게 됩니다. 이에 죽음에 대해 알아보면 다음과 같습니다. 죽음에는 육적인 죽음이 있습니다(창3:19; 롬6:23). 영적인 죽음이 있습니다(엡2:1, 5, 12, 4:18). 영원한 죽음이 있습니다(계20:14~5). 아담과 하와는 타락(범죄)으로 인해 죽음을 예고 받고 곧바로 에덴동산에서 쫓겨나는 영적 죽음을 맞이합니다.

> "이같이 하나님이 그 사람을 쫓아내시고 에덴동산 동쪽에 그룹들과 두루 도는 불칼을 두어 생명나무의 길을 지키게 하시니라"(창3:24)

인간의 타락(범죄)이 얼마나 비참한지 알게 되었습니다. 그리고 얼마나 고통스러운지 알게 되었습니다. 또한 얼마나 무서운지 알게 되었습니다. 만약 사도 베드로나 사도 바울이 우리나라에 오신다면 무슨 메시지를 전하실까요? 분명하게 이런 말을 강력하게 전하시지 않을까요?

> "인간은 죄인입니다. 그러므로 심판 아래 있음을 알아야 합니다. 그리고 반드시 회개해야 합니다. 더불어 믿음으로 구원받아야 합니다. 인간의 죄를 해결하실 수 있는 분은 예수님밖에 없기 때문입니다. 마지막으로 주님의 재림이 가까워졌습니다. 깨어 준비하고 있어야 합니다."

인간 타락의 물줄기 속에 살아가는 우리지만 천만다행인 것은 하나님의 은혜로 구원받은 그리스도인이 되었다는 것입니다. 그러므로 인간 타락을 거울삼아 늘 경계하고 조심하여 귀한 삶을 경주하는 그리스도인이 되어야 합니다. 그렇지 않습니까?

"그러나 너희 생각에는 어떠하냐
어떤 사람에게 두 아들이 있는데 맏아들에게 가서 이르되
얘 오늘 포도원에 가서 일하라 하니 대답하여 이르되
아버지 가겠나이다 하더니 가지 아니하고 둘째 아들에게 가서
또 그와 같이 말하니 대답하여 이르되 싫소이다 하였다가
그 후에 뉘우치고 갔으니 그 둘 중에
누가 아버지의 뜻대로 하였느냐 이르되 둘째 아들이니이다
예수께서 그들에게 이르시되 내가 진실로 너희에게 이르노니
세리들과 창녀들이 너희보다 먼저 하나님의 나라에 들어가리라
요한이 의의 도로 너희에게 왔거늘 너희는 그를 믿지 아니하였으되
세리와 창녀는 믿었으며 너희는 이것을 보고도
끝내 뉘우쳐 믿지 아니하였도다"

- 마21:28~32

8장 · 회개

스웨덴에 이런 전래동화가 있습니다. 부모 잘못으로 무서운 용에게 시집가야 하는 저주를 받은 공주가 있었습니다. 울며불며 날을 새다가 지혜가 충만한 할머니에게 도움을 청하고, 할머니는 대책을 말해줍니다. 할머니가 알려준 대로 공주는 웨딩드레스 10벌을 껴입고 결혼식에 참석합니다. 공주는 첫날밤에 자기가 옷을 하나씩 벗을 때마다 용도 비늘을 하나씩 벗어야 첫날밤을 보낼 수 있다고 말합니다. 공주가 옷을 하나 벗자 용은 오래된 비늘을 벗겨내기 시작합니다. 다섯 번째 옷을 벗을 때에 용은 너무 아파 비 같은 눈물을 흘리기 시작합니다. 그런데 신기한 일이 일어납니다. 비늘을 벗을 때마다 무서운 용의 모습이 사라지기 시작하는 겁니다. 마지막 비늘을 다 벗었을 때 용은 사라지고 멋진 왕자가 나타납니다.

사도행전 9장 18절에 '사울의 눈에서 비늘 같은 것이 벗어져'라는 말씀이 기록돼 있습니다. 누구나 살면서 나름의 '비늘'을 만들어 갑니다. 그러나 비늘은 바울에게처럼 진리를 가리거나 용의 비늘처럼 본래 가진 아름다움을 잃어버린 채 살게 만듭니다. 분명한 것은 죄의 비늘이 인생도 생태계도 위기로 몰아갑니다. 죄의 비늘을 벗고 하나님께서 창조하신 그 모습 그대로의 아름다움을 회복하는 전환과 함께 회개가 필요합니다. 죄의 비늘을 벗어야 합니다. 회개는 그리스도인이 되기 전, 다시 말해 구원을 받기 전에 가장 먼저 거쳐야 할 과정입니다. 만일 진실한 회개가 없다면 예수님에 대한 믿음은 생기기 어렵습니다. 회개가 무엇인지 모르고, 회개에 대한 필요성을 느끼지 못하며, 회개라는 말에 거부 반응을 일으킨다면 예수님에 대한 믿음은 거짓일 가능성이 많습니다.

진정성 있는 회개는 그리스도인이 되기 위해 밟아야 할 중요한 과정입니다. 그렇다면 왜 우리가 가장 먼저 회개해야 합니까? 하나님 앞에서 죄인이기 때문입니다. 하나님 앞에서 타락했기 때문입니다. 하나님 앞에서 올바른 관계를 맺어야 할 존재이기 때문입니다. 회개하지 않으면 믿음으로 나아갈 수 없을 뿐만 아니라 그리스도인의 삶을 온전하게 살아갈 수 없기 때문입니다. 분명한 것은 하나님께 대해서는 회개해야 하고, 예수님에 대해서는 믿음을 가져야 한다는 것입니다. 또한 언제나 회개가 있고 난 다음 믿음이 있다는 것입니다. 사도 바울이 늘 한결같은 마음으로 강조했던 핵심 내용입니다. 그리고 한 문장으로 회개와 믿음을 표현한 대표적인 말씀입니다.

"유대인과 헬라인들에게 하나님께 대한 회개와 우리 주 예수 그리스도께 대한 믿음을 증언한 것이라"(행20:21)

에베소 교회에서 어떻게 목회했는지를 분명하게 보여주는 귀한 말씀입니다. 이러한 회개에 대해 알아야 할 것이 있다면 그것은 무엇일까요?

회개란 무엇입니까?

본문 말씀에는 두 아들이 등장합니다. 하나는 대답을 잘하는데 행동하지 않는 아들이고, 다른 하나는 대답은 불순종인데 결국 행동하는 아들입니다. 오늘날 사회생활 속에서도 이런 사람은 많이 있습니다. 가정생활 속에서도 마찬가지입니다. 특히 교회생활 속에서도 이런 사람들은 쉽게 찾아볼 수 있습니다. 오늘날 정말 심각한 문제는 교회 속에 끝까지 뉘우치지 않는 사람들이 점점 많아지고 있다는 것입니다. 무늬만 그리스도인으로 살아가는 사람들이 점점 더 많아지고 있다는 것이 심히 우려스러운 현실입니다. 이것은 대답은 잘하는데 행동하지 않는 사람들의 문제입니다.

그러므로 회개란 이런 것입니다. 가장 먼저 과거에 잘못 생각하고, 잘못 행동했던 것에 대해 후회하는 것을 말합니다. '싫습니다'(30절중)라고 퉁명스럽고 무례하게 말했던 것을 생각하고, 잘못된 말과 잘못된 행동을 한없이 후회하는 것입니다. 결국 올바른 후회가 올바른 삶으로 돌아오게 합니다. 그리고 다음으로 자신의 행동을 과감하게 변화시키는 것을 말합니다. '그 후에 뉘우치고 갔으니'(30절하)라는 말씀처럼 회개는 행동하는 것입니다. 반응하는 것입니다. 올바른 방향으로 돌이켜 움직이는 것입니다. 진정한 회개란 철저히 후회하고 철저히 고치는 것을 말합니다. 그래서 완전히 변화된 것을 말합니다. 진정성 있는 후회가 진정성 있는 행동으로 이어집니다.

무엇이 회개하도록 만드는 것입니까?

1) 하나님이 하십니다.

회개하도록 이끄시는 분은 하나님이십니다. 이러한 회개를 하나님이 주도하십니다. 강퍅하고 무지한 사람이 회개한다는 것은 천지가 개벽할 놀라운 사건이 아닐 수 없습니다. 이것을 은혜라고 말합니다. 따라서 회개에도 은혜가 있어야 가능합니다. 내 힘으로, 내 의지로 하는 것 같아도 하나님의 은혜가 있기에 회개할 수 있는 것입니다. 상대적으로 말해 회개했다면 하나님의 엄청난 은혜를 입었다는 뜻이 됩니다. 얼마나 놀라운 말씀입니까? 신비함을 회개를 통해 또다시 발견합니다. 더불어 회개는 영원한 생명을 얻는 회개입니다. 천국에 가느냐 아니면 지옥에 가느냐가 달린 회개입니다. 영원히 사느냐 아니면 영원히 죽느냐에 대한 회개입니다. 거듭해서 강조하는 것이지만 회개는 정확하게 하나님이 주시는 것입니다. 회개가 일어나는 것도 하나님께서 일하시기에 일어나는 것입니다. 회개는 하나님이 주도하시는 것입니다.

> "하나님이 그 종을 세워 복 주시려고 너희에게 먼저 보내사 너희로 하여금 돌이켜 각각 그 악함을 버리게 하셨느니라"(행3:26)
> "그들이 이 말을 듣고 잠잠하여 하나님께 영광을 돌려 이르되 그러면 하나님께서 이방인들에게도 생명 얻는 회개를 주셨도다 하니라"(행11:18)
> "거역하는 자를 온유함으로 훈계할지니 혹 하나님이 그들에게 회개함을 주사 진리를 알게 하실까 하며"(딤후2:25)

2) 설교를 통해서입니다.

초대교회에 훌륭한 영적 지도자들이 있었다는 것은 대단히 귀한 일입니다. 이들이 말씀을 증거할 때 놀라운 일들이 일어났는데 대표적인 사람이 바로 베드로 사도와 바울 사도였습니다. 특별히 수많은 사람들이 베드로 사도의 성령 충만한 설교를 듣고 마음이 찔리기 시작합니다. 그리고 어찌하면 좋을지를 진지하게 반응하게 됩니다. 이렇게 된 것은 진리의 말씀이 선포되고 전해질 때 일어나는 결과입니다. 결국 복음 선포로 놀라운 일이 일어납니다. 또한 어디든지 하나님의 말씀이 선포되는 곳에는 회개가 일어납니다. 사도행전의 역사가 그러했습니다. 마찬가지로 오늘날 이 시대에도 복음이 선포되는 곳에는 회개가 일어나고 있습니다.

> "그들이 이 말을 듣고 마음에 찔려 베드로와 다른 사도들에게 물어 이르되 형제들아 우리가 어찌할꼬 하거늘 베드로가 이르되 너희가 회개하여"(행2:37~38)
> "그러므로 너희가 회개하고 돌이켜 너희 죄 없이 함을 받으라 이같이 하면 새롭게 되는 날이 주 앞으로부터 이를 것이요"(행3:19)
> "알지 못하던 시대에는 하나님이 간과하셨거니와 이제는 어디든지 사람에게 다 명하사 회개하라 하셨으니"(행17:30)
> "유대인과 헬라인들에게 하나님께 대한 회개와 우리 주 예수 그리스도께 대한 믿음을 증언한 것이라"(행20:21)

3) 전도를 통해서입니다.

회개는 가만히 있으면 일어나지 않습니다. 그리스도인으로 움직이고 활동해야 일어납니다. 이것은 그리스도인의 입장에서 볼 때 해야 할 일은 마땅히 해야 된다는 것을 말해줍니다. 그리스도인의 움직임이 그만큼 중요하다는 것을 알 수 있습니다. 그 중에 대표적인 것이 전도입니다. 초대교회 때에도 전도는 매우 중요했습니다. 그래서 전도의 불길이 일어났습니다. 구원받은 그리스도인들이 한결같은 마음으로 전도에 온 힘을 다했습니다. 그리하여 전도를 통해 수많은 사람들이 회개하고 주께로 돌아왔습니다. 전도의 열매로 교회가 든든히 세워져갔으며 더불어 회개하고 구원받은 그리스도인들의 모범적인 행실로 인해 칭찬 듣는 교회로 인정받게 되었습니다.

> "심판 때에 니느웨 사람들이 일어나 이 세대 사람을 정죄하리니 이는 그들이 요나의 전도를 듣고 회개하였음이거니와"(마12:41)
> "그들이 날마다 성전에 있든지 집에 있든지 예수는 그리스도라고 가르치기와 전도하기를 그치지 아니하니라"(행5:42)
> "그런즉 그들이 믿지 아니하는 이를 어찌 부르리요 듣지도 못한 이를 어찌 믿으리요 전파하는 자가 없이 어찌 들으리요"(롬10:14)

회개하면 일어나는 일은 무엇입니까?

1) 하나님을 경외하게 됩니다.

하나님께 회개하기 전에는 하나님께서 싫어하는 것만 하면서 살았습니다. 어리석은 줄도 모르면서 어리석게 살았습니다. 자기가 원하는 대로 마음껏 살았습니다. 그러나 하나님께 회개한 이후에는 주님이 주시는 기쁨과 위로로 살아갑니다. 먹든지 마시든지 무엇을 하든지 다 하나님의 영광을 위해 살아갑니다. 하나님을 두려워할 줄도 알고 공경할 줄도 압니다. 그리하여 두렵고 떨리는 마음으로 구원을 이룹니다.

"여호와를 경외함으로 섬기고 떨며 즐거워할지어다"(시2:11)

"이로 말미암아 경건함과 두려움으로 하나님을 기쁘시게 섬길지니"(히12:28)

"항상 복종하여 두렵고 떨림으로 너희 구원을 이루라"(빌2:12)

2) 자신이 얼마나 한심한 존재인지를 알게 됩니다.

하나님께 돌아와 회개하고 자신을 돌이켜보면 자신이 얼마나 어리석고 무가치한지를 깨닫게 됩니다. 자신이 얼마나 연약하고 무지한지를 깨닫게 됩니다. 자신이 얼마나 부패하고 타락했는지를 깨닫게 됩니다. 한없이 창피하고 한없이 보잘것없는 존재였음을 발견하게 됩니다. 그러므로 하나님께 회개하고 나면 다윗과 세리의 고백처럼 우리도 이렇게 고백할 수밖에 없습니다.

"내가 죄악 중에서 출생하였음이여 어머니가 죄 중에서 나를 잉태하였나이다 …우슬초로 나를 정결하게 하소서 내가 정하리이다 나의 죄를 씻어 주소서 내가 눈보다 희리이다"(시51:5~7)

"세리는 멀리 서서 눈을 들어 하늘을 쳐다보지도 못하고 다만 가슴을 치며 이르되 하나님이여 불쌍히 여기소서 나는 죄인이로소이다 하였느니라"(눅18:13)

3) 삶을 바라보는 기준이 변하게 됩니다.

하나님 앞에서 회개하면 죄를 미워하고 죄 된 행동을 멀리하게 됩니다. 죄와 상관없는 삶을 기대하고 거룩함을 추구하게 됩니다. 의로운 삶에 관심을 갖게 되고 아름답고 선한 삶에 집중하게 됩니다. 하나님의 말씀이 생명력 있는 살아 있는 말씀임을 깨닫게 됩니다. 하나님의 은혜가 무엇인지 가슴 깊이 알게 되고 오직 믿음으로 살려고 애쓰게 됩니다. 더불어 새롭게 변화된 삶을 살아 하나님의 선하시고 기뻐하시고 온전하신 뜻이 무엇인지 분별하게 됩니다.

> "오직 의인은 믿음으로 말미암아 살리라 함과 같으니라"(롬1:17)
> "너희는 이 세대를 본받지 말고 오직 마음을 새롭게 함으로 변화를 받아 하나님의 선하시고 기뻐하시고 온전하신 뜻이 무엇인지 분별하도록 하라"(롬12:2)

회개에는 두 종류가 있습니다. 먼저는 처음 예수님을 구세주로 받아들일 때 하는 회개입니다. 이것은 평생 단 한 번 밖에 없는 일회적 회개입니다. 또 하나는 반복적인 회개입니다. 살아가면서 죽는 그날까지 끊임없이 발생하는 문제들과 상황 속에서 알게 모르게 드러나는 죄를 회개하는 것입니다. 따라서 그리스도인은 단회적인 회개를 거쳐 반복적인 회개를 지속적으로 감당하는 사람들이라고 할 수 있습니다.

찬송가 273장 **나 주를 멀리 떠났다**

1절 나 주를 멀리 떠났다 이제 옵니다.
     나 죄의 길에 시달려 주여 옵니다.

2절 그 귀한 세월 보내고 이제 옵니다.
     나 뉘우치는 눈물로 주여 옵니다.

3절 나 죄에 매여 고달파 이제 옵니다
      주 크신 사랑 받고자 주여 옵니다

후렴 나 이제 왔으니 내 집을 찾아
      주여 나를 받으사 맞아 주소서

"복음에는 하나님의 의가 나타나서
믿음으로 믿음에 이르게 하나니
기록된바 오직 의인은 믿음으로 말미암아
살리라 함과 같으니라"

- 롬1:17

9장 · 믿음

알렉산더 대왕에게 훌륭한 주치의가 한 명 있었습니다. 실력뿐 아니라 인품까지 뛰어났던 그 의사는 잦은 전쟁으로 인해 피로해진 대왕의 건강을 최선을 다해 돌봤을 뿐만 아니라 상담자로서의 역할까지 수행했습니다. 하지만 두 사람의 관계를 시기하는 사람들도 생겨났습니다. 결국 그들은 음모를 꾸며 주치의가 조만간 약에다 독을 타서 왕을 암살할 것이라는 소문을 퍼트렸습니다. 여러 사람들로부터 신변의 위협을 받고 있던 왕이었기에 사람들은 당연히 왕이 의사를 죽이거나 최소한 주치의를 다른 사람으로 바꿀 것이라고 생각했습니다. 그러나 왕은 소문의 진의를 묻지도 않았고 오히려 약도 매일 빠짐없이 챙겨 먹었습니다. 알렉산더 대왕은 주치의를 믿었던 것입니다.

세상 속에서는 아는 것도 필요하고 믿는 것도 필요합니다. 세상을 살아가면서 느끼는 것이지만 아는 것에는 한계가 있으나 믿는 것에는 한계가 없다는 것입니다. 아는 것과 믿는 것에는 큰 차이가 있기 때문입니다. 구원받은 그리스도인들은 믿음의 사람들입니다. 믿음으로 살아가는 사람들입니다. 믿음을 아는 것보다 훨씬 앞세우고 중요하게 강조하는 것은 믿어야만 믿음의 능력을 맛볼 수 있기 때문입니다. 아는 것은 그 자체로는 어떤 능력도 없습니다. 그리스도인들이 말씀의 능력을 안다면 진실로 믿어야 합니다. 또 진실로 믿는다는 것은 말씀에 순종해야 한다는 것을 의미합니다. 우리가 말씀대로 순종하고 실행한다면 그 말씀의 능력을 경험할 수 있습니다.

우리는 지난 시간에 회개에 대해 알아보았습니다. 이제 회개했다면, 정녕 마음을 다해 회개했다면 자연스럽게 믿음으로 이어지는 것은 지극히 당연합니다. 왜냐하면 우리는 믿음으로 구원받고 믿음으로 귀한 삶을 살다가 믿음으로 하나님 앞에 갈 것이기 때문입니다. 그러므로 우리 삶에 있어서 믿음은 매우 중요하고 매우 특별하며 매우 위대한 것입니다. 만약 믿음을 몰랐다면 어찌 되었을까를 생각해 봅니다. 믿음을 몰랐다면 끊임없이 타락하고 부패한 죄인으로 하염없이 살았을 것입니다. 눈에 보이는 것만이 전부인 것처럼 이기적인 인생을 살았을 것입니다. 하나님을 대적하는 행동을 서슴지 않고 교만한 삶을 살았을 것입니다.

그럼에도 불구하고 이처럼 믿음을 소유한 믿음의 사람으로 살게 하시니 얼마나 감사한지 모르겠습니다. 믿음으로 말미암아 구원받은 하나님의 사람으로 산다는 것이 얼마나 귀한 일인지 모르겠습니다. 믿음으로 생각하고 믿음으로 바라본다는 것이 얼마나 중요한 일인지 모르겠습니다. 그리스도인은 예수님을 아는 것으로 끝나서는 안 됩니다. 아는 것에는 능력이 없지만 믿음은 능력이 있기에 오직 예수님을 향한 믿음으로 살아야 합니다. 이런 귀한 믿음에 대해 좀 더 알아보고자 합니다. 그것은 무엇일까요?

믿음이란 무엇입니까?

한마디로 믿음이란 "구원으로 인도하는 통로"라고 할 수 있습니다. 이러한 믿음을 성경적으로 정의하면 무엇입니까?

1) 바랄 수 없는 중에 바라는 것입니다.

눈에 보이는 것이 없습니다. 귀에 들리는 것이 없습니다. 손에 잡히는 것이 없습니다. 그럼에도 불구하고 믿음으로 예배를 드립니다. 기도합니다. 찬양합니다. 헌신합니다. 왜냐하면 "바랄 수 없는 중에 바라는 것"이 믿음이기 때문입니다.

"아브라함이 바랄 수 없는 중에 바라고 믿었으니"(롬4:18)

2) 갈 바를 알지 못하고 나아가는 것입니다.

어떤 곳으로 가야할지, 어떤 곳에서 정착해야 할지, 어떻게 가야 할지 앞이 막막합니다. 앞이 보이지 않습니다. 그럼에도 불구하고 믿음으로 나아갑니다. 전진합니다. 왜냐하면 "갈 바를 알지 못하고 나아가는 것"이 믿음이기 때문입니다.

"믿음으로 아브라함은 … 갈 바를 알지 못하고 나아갔으며"(히11:8)

3) 보이지 않는 자(보이지 않는 것)를 보는 것 같이 하는 것입니다.

눈에 보이지 않습니다. 눈으로 확인할 수 없습니다. 눈으로 증명할 수 없습니다. 그럼에도 불구하고 믿음으로 눈에 보이는 것처럼 행동합니다. 눈에 보이는 것처럼 말합니다. 눈에 보이는 것처럼 대우합니다. 왜냐하면 "보이지 않는 자를 보는 것 같이 하는 것"이 믿음이기 때문입니다.

"믿음으로 … 곧 보이지 아니하는 자를 보는 것 같이 하여 참았으며"(히11:27)

요한복음 4장 46절에서 53절까지 보면 믿음에 대한 귀한 말씀이 소개되어 있습니다. 이 말씀을 보면서 믿음에 대해 깊이 생각해 볼 수 있었으면 합니다. 왕의 신하가 있었습니다. 그런데 그의 아들이 죽을병에 걸렸습니다. 이때 왕의 신하는 예수님께 간청합니다. 아들을 살려달라고 애원합니다(요 4:46~47, 49). 바랄 수 없는 중에 바라는 것입니다. 이때 예수님께서 '가라 네 아들이 살아 있다 하시니 그 사람이 예수께서 하신 말씀을 믿고 가더니'(50절). 갈 바를 알지 못하고 나아간 것입니다. 마침내 아들의 병이 완치된 것을 확인합니다(51~53절). 보이지 않는 것을 보는 것 같이 믿었더니 놀라운 일을 경험합니다. 그러므로 믿음은 '구원으로 인도하는 통로'입니다.

믿음을 어떻게 이해해야 합니까?

믿음을 이해하기 위해 접근하는 방법에는 다양한 것이 있습니다. 이렇게 인간적인 한계에도 불구하고 믿음을 다양한 시각에서 이해하려는 시도는 언제나 있어 왔습니다. 우리의 입장에서 보면 이렇습니다.

1) 신뢰하는 것입니다.

신뢰는 또 다른 말로 기대한다는 말입니다. 이것은 하나님의 약속에 대한 전적인 신뢰입니다. 기대입니다. 신뢰는 인간적인 입장에서 접근하는 것이지만 믿음이 없이는 신뢰도 기대하기 어렵습니다.

"믿음은 바라는 것들의 실상이요 보이지 않는 것들의 증거니"(히11:1)

2) 인정하는 것입니다.

세상살이 속에서는 누가 누구를 인정한다는 것이 몹시 어렵습니다. 결코 쉽지 않습니다. 그렇게 어렵고 쉽지 않은 것이 바로 인정하는 것입니다. 그러나 하나님을 인정하는 것은 또 다른 차원의 문제입니다. 이것은 하나님의 능력에 대한 인정입니다.

"믿음으로 모든 세계가 하나님의 말씀으로 지어진 줄을 우리가 아나니"(히11:3)

3) 확신하는 것입니다.

이것은 하나님에 대한 확신입니다. 하나님에 대한 환호, 하나님에 대한 환영을 말합니다. 너무 멀리 있어 보이지 않고, 너무 멀리 있어 들리지 않으며, 너무 멀리 있어 만질 수 없어도 하나님의 약속에 대한 확신은 변함없는 것을 말합니다.

"믿음으로 견고하여져서 하나님께 영광을 돌리며 약속하신 그것을 또한 능히 이루실 줄을 확신하였으니"(롬4:20~21)

4) 맡기는 것입니다.

누군가에게 무엇을 맡긴다고 했을 때 어지간한 강심장이 아니면 맡기기 어려운 것이 사실입니다. 특별히 생명을 맡긴다고 하면 상황은 엄청나게 달라집니다. 불안하고 의심이 가며 긴장하게 마련입니다. 하지만 하나님께 생명을 포함해 모든 것을 맡긴다고 하면 이것은 도리어 말할 수 없는 기회이자 특권이 됩니다.

"너희 염려를 다 주께 맡기라 이는 그가 너희를 돌보심이라"(벧전5:17)

이밖에도 긍정하는 것, 의지하는 것, 받아들이는 것을 통해 믿음을 이해할 수 있습니다. 이처럼 믿음에 대한 이해는 다양하면서도 다양한 시각에서 접근할 수 있다는 것을 알 수 있습니다. 믿음을 어떻게 이해하느냐에 따라 신앙의 성숙도는 달라집니다. 그러므로 믿음에 대해 바르게 접근하고 바른 시각을 가져야 할 필요성이 있습니다. 그리스도인이라면 모두가 다 이러한 믿음에 대한 넓고 풍성한 자기만의 이해를 가져야 합니다.

믿음은 누구에게 주어지고, 어떻게 표현되고 있으며, 어떻게 생기는 것입니까?

세상 모든 사람들에게 믿음이 생겼으면 하는 마음이 간절합니다. 모든 사람들이 하나님을 알고, 하나님을 가까이 하며, 하나님과 동행하는 아름다운 모습을 꿈꿔봅니다. 그래서 갈등이 사라지고 아픔이 사라지며 눈물이

사라지는 세상이 되었으면 좋겠습니다. 이것이 현실이 되었으면 좋겠습니다. 하지만 너무나 아쉽게도 이렇게 될 수 없다는 것이 성경의 말씀입니다.

1) 믿음은 모든 사람에게 주어지지 않습니다.

너무나 안타까운 말씀입니다. 아무리 생각해 보아도 아찔한 말씀입니다. 누군가에게는 믿음이 주어지지만 누군가에게는 믿음이 주어지지 않는다는 이 엄연한 현실 앞에서 두려움이 앞설 뿐입니다. 그럼에도 불구하고 이것이 현실입니다.

"믿음은 모든 사람의 것이 아니니라"(살후3:2)

2) 믿음은 오직 영생을 주시기로 작정된 사람에게만 주어집니다.

나의 힘으로 되는 것이 아닙니다. 나의 재능으로 되는 것이 아닙니다. 나의 계획으로 되는 것이 아닙니다. 놀라운 사실은 선택된 사람에게만 주어진다는 것입니다. 우리의 입장에서 판단할 수 없는 신비한 일이 아닐 수 없습니다.

"이방인들이 듣고 기뻐하여 하나님의 말씀을 찬송하며 영생을 주시기로 작정된 자는 다 믿더라"(행13:48)

3) 믿음은 하나님의 선물입니다.

선물은 받는 사람 입장에서 보면 가만히 있는 사람에게 주는 것이니 그저 신나고 좋은 일입니다. 한없이 받았으면 하는 것이 선물이기 때문입니다. 그런데 믿음도 이와 같다고 성경은 말합니다. 믿음이 전적으로 하나님의 선물이라고 말합니다.

"너희는 그 은혜에 의하여 믿음으로 말미암아 구원을 받았으니 이것이 너희에게서 난 것이 아니요 하나님의 선물이라"(엡2:8)

4) 믿음은 하나님의 말씀인 진리의 말씀으로 생깁니다.

믿음은 가만히 있는데 생기지 않습니다. 하나님의 말씀이 없는 데서는 생기지 않습니다. 하나님의 복음이 선포되고 진리의 말씀이 증거 될 때 믿음이 생깁니다. 달리 표현하면 이러한 상황 속에서 하나님의 말씀을 잘 들을 때 생깁니다.

"그러므로 믿음은 들음에서 나며 들음은 그리스도의 말씀으로 말미암았느니라"(롬10:17)

종교개혁자 마르틴 루터의 이야기입니다. 독일에서는 고학생들 중에 노래를 잘하는 학생들은 남의 집 앞에서 노래를 불러 돈을 받는 관습이 있었습니다. 어느 날 루터가 부잣집 창문 아래서 큰 소리로 노래를 불렀습니다. 그런데 노래를 시작하자마자 체격이 크고 무섭게 생긴 사나이가 창문을 열고 뛰어나오는 것이었습니다. 루터는 그 험상궂게 생긴 사나이가 주

먹질이라도 할 줄 알고 도망치기 시작했습니다. 그러나 사나이는 계속 쫓아왔고 붙잡히게 됐습니다. 공포에 벌벌 떨고 있는 루터에게 그 사람은 주먹이 아닌 돈 뭉치를 내밀었습니다. 장학금을 주려는 따뜻한 마음의 자선가였던 것입니다.

루터는 그때를 회고하면서 "두려움의 눈으로 세상을 보면 세상만사가 모두 걱정과 염려로 가득 차 있고, 믿음의 눈으로 세상을 보면 세상이 감사하고 좋게 보이며, 하나님의 손길이 보인다"고 했습니다. 얼마나 정확한 말입니까? 우리가 어떤 눈으로 보느냐에 따라 세상이 달라 보입니다. 사람이 달라 보입니다. 하나님이 달라 보입니다. 그러므로 믿음의 눈으로 봐야 합니다. 믿음의 눈으로 해석해야 합니다. 믿음의 눈으로 접근해야 합니다. 믿음의 눈으로 보면 모든 것이 감사요, 모든 것이 복이며, 모든 것이 기적이라는 것을 알게 됩니다. 믿음이 여러분과 나를 살렸습니다.

"예수께서 대답하여 이르시되
진실로 진실로 네게 이르노니
사람이 거듭나지 아니하면
하나님의 나라를 볼 수 없느니라"

- 요3:3

10장 · 거듭남

　미국 제39대 대통령 지미 카터는 공식 석상에서 이런 발언으로 큰 반향을 일으킨 적이 있습니다.

　"나는 거듭난 그리스도인입니다."

　용기 있는 믿음에 감탄이 절로 나오지만 사실 이 말은 그리스도인이라면 누구나 해야 할 고백입니다. 왜냐하면 그리스도인은 모두 다 거듭난 존재이기 때문입니다. 애벌레가 있습니다. 애벌레는 나비의 삶을 알지 못합니다. 하늘을 나는 나비를 보면서 신기해할 뿐입니다. 안타까운 일입니다. 애벌레는 분명 나비가 될 수 있는 존재인데 말입니다. 나비는 애벌레를 볼 때마다 큰 소리로 이렇게 외칠 것입니다.

　"그렇게 땅 위를 기어 다니지만 말고 나처럼 나비가 되렴!
　나비가 되면 애벌레 시절에 꿈도 꾸지 못했던 놀라운 경험과
　엄청난 행복을 맛보게 된단다."

　거듭난 그리스도인은 거듭나지 못한 사람을 볼 때마다 안타까움에 가슴

을 칩니다. 애벌레처럼 땅바닥을 기어 다니지만 말고 나비처럼 거듭나서 하늘로 날아오르기를 기대합니다. 영의 세계는 분명히 있습니다. 육의 세계에서는 상상도 할 수 없는 놀라운 세계 말입니다. 따라서 누구든지 하나님의 말씀을 따라가면 그 영의 세계로 들어갈 수 있습니다. 신앙공동체인 교회는 육의 사람을 영의 사람으로 바꾸는 공동체입니다. 더 착한 사람, 더 품위 있는 사람을 만드는 곳이 아닙니다. 본질 자체를 바꿔서 땅만을 생각하던 사람을 하늘을 누리는 사람으로 만드는 공동체입니다.

그러므로 거듭나서 새로운 사람으로 변화된 사람은 진정으로 복된 사람입니다. 애벌레가 거듭나 나비가 되면 꽃가루와 꿀을 먹기 시작하는 것처럼 거듭난 사람은 생명의 양식인 하나님의 말씀을 먹고 성장하기 시작합니다. 하나님의 말씀을 먹고 또 먹을 때마다 감사하게 되고 더불어 새로운 세계에 눈이 활짝 뜨이게 됩니다. 또한 거듭나기 전에는 상상도 할 수 없었던 일들을 경험하고 또 경험합니다. 여러분은 거듭나셨습니까? 성경은 다른 것을 묻지 않습니다. 우리가 거듭난 생명인지를 묻습니다. 거듭나야만 천국을 소유하기 때문입니다. 이처럼 거듭남이 중요하다면 거듭남에 대한 진지한 질문은 무엇입니까?

거듭남이란 무엇이며 어떻게 받아들여야 합니까?

거듭남이란 영적으로 죽은 사람을 하나님께서 새롭게 태어나게 하셔서 새로운 삶으로 변화시켜 주신 것을 말합니다. 이것을 좀 더 쉽게 달리 표현하면 이렇습니다. 거듭 태어났습니다. 두 번 태어났습니다. 새롭게 창조되었습니다. 다른 모습으로 출생했습니다. 새롭게 만들어졌습니다. 특별히 예수님은 자기가 원하는 자들을 살리셨다고 말합니다(요5:21). 거듭났다고 하는 것은 새롭게 살아난 것을 의미합니다. 이처럼 새롭게 살아났다면 이러한 현상을 어떻게 받아들여야 합니까?

1) 확실한 영적 변화입니다.

세상적이었던 삶의 방식과 방법 그리고 방향이 한순간에 믿음의 방식과 방법 그리고 방향으로 바뀐 것을 말합니다. 행동의 변화, 태도의 변화, 의식의 변화 등을 가리킵니다.

"사울이 다메섹에 있는 제자들과 함께 며칠 있을새 즉시로 각 회당에서 예수가 하나님의 아들이심을 전파하니"(행9:19~20)
"예수께서 그 곳에 이르사 쳐다보시고 이르시되 삭개오야 속히 내려오라 내가 오늘 네 집에 유하여야 하겠다 하시니 급히 내려와 즐거워하며 영접하거늘"(눅19:5~6)

2) 하나님이 하신 일입니다.

어떤 사람이 새롭게 살아났다는 것은 전적으로 하나님의 손길이 있었다는 것을 의미합니다. 이것은 어떤 사람에게 행하시는 하나님의 전적인 은혜입니다. 달리 표현할 방법이 없습니다.

"이는 혈통으로나 육정으로나 사람의 뜻으로 나지 아니하고 오직 하나님께로부터 난 자들이니라"(요1:13)

"바람이 임의로 불매 네가 그 소리를 들어도 어디서 와서 어디로 가는지 알지 못하나니 성령으로 난 사람도 다 그러하니라"(요3:8)

3) 놀라운 일입니다.

새롭게 살아났다는 사실은 오묘하고 신비한 것이라고 말할 수 있습니다. 표현할 수 없는 그 어떤 것이기 때문입니다. 이것은 우리 심령 안에 새롭고도 엄청난 파장을 일으킨 큰 사건입니다. 영적인 생명이 심겨져 새롭게 태어났기 때문입니다. 한마디로 기적입니다.

"육으로 난 것은 육이요 영으로 난 것은 영이니 내가 네게 거듭나야 하겠다 하는 말을 놀랍게 여기지 말라"(요3:6~7)
"달린 행악자 중 하나는 비방하여 이르되 … 하나는 그 사람을 꾸짖어 이르되 … 이르되 예수여 당신의 나라에 임하실 때에 나를 기억하소서 하니 예수께서 이르시되 내가 진실로 네게 이르노니 오늘 네가 나와 함께 낙원에 있으리라 하시니라"(눅 23:39~43)

거듭남이 필요한 이유는 무엇입니까?

유대인의 지도자였던 니고데모도 거듭남에 대해 무지했습니다. 거듭남에 대한 필요성을 알지 못했습니다. 바리새인이었으며 누구에게도 뒤지지 않을 정도로 종교성이 깊었던 니고데모였지만 거듭남이 무엇인지 몰랐습니다. 지금 이 시대에도 니고데모처럼 거듭남에 대해 관심이 없을 수 있습니다. 필요성을 느끼지 못할 수 있습니다. 그럼에도 불구하고 성경은 거듭남이 필요한 이유를 강력하게 보여줍니다.

1) 하나님 나라를 보기 위해서입니다.

"예수께서 대답하여 이르시되 진실로 진실로 네게 이르노니 사람이 거듭나지 아니하면 하나님의 나라를 볼 수 없느니라"(요3:3)

2) 하나님의 나라에 들어가기 위해서입니다.

"예수께서 대답하시되 진실로 진실로 네게 이르노니 사람이 물과 성령으로 나지 아니하면 하나님의 나라에 들어 갈 수 없느니라"(요3:5)

3) 허물과 죄로 죽었기 때문입니다.

"그는 허물과 죄로 죽었던 너희를 살리셨도다"(엡2:1)

4) 세상을 이기기 위해서입니다.

"무릇 하나님께로부터 난 자마다 세상을 이기느니라 세상을 이기는 승리는 이것이니 우리의 믿음이니라"(요일5:4)

5) 장래에 나타날 영광을 위해서입니다.

"생각하건대 현재의 고난은 장차 우리에게 나타날 영광과 비교할 수 없도다"(롬 8:18)

이처럼 거듭남이 왜 필요한지를 진정으로 알게 된 사람은 몸부림치게 되어 있습니다. 소리쳐 울부짖게 되어 있습니다. 거듭나지 못한 사람들을 보고 안타깝게 여기며, 마음 아파하게 되어 있습니다. 그러기에 거듭난 사람은 더욱더 그리스도인이 특별하고도 특별하다는 것을 깨닫게 됩니다. 교회가 대단히 귀하게 여겨집니다. 예배가 기다려지고 하나님의 말씀이 얼마나 소중한지 발견하게 됩니다. 찬양하면 눈물이 쏟아지고 기도하면 은혜가 됩니다. 믿음으로 살겠다고 다짐하고 '하나님 앞에서' 라는 말만 들어도 가슴 벅차 합니다.

거듭남을 어떻게 알 수 있겠습니까?

1) 육체와 성령이 서로서로 갈등하는 것으로 알 수 있습니다.

거듭난 사람은 육체적인 옛 본능과 부딪히는 경우가 허다합니다. 거듭나기 전에는 육체가 원하는 대로 마음껏 행동했습니다. 그러나 거듭난 이후에는 육체가 원하는 대로 할 수 없다는 것을 알게 됩니다. 별다른 거리낌이 없던 것이 거리낌이 되고 불편함이 없던 것이 불편해집니다. 육체적인 것과 거듭난 것이 충돌합니다.

"육체의 소욕은 성령을 거스르고 성령은 육체를 거스르나니 이 둘이 서로 대적함으

로 너희가 원하는 것을 하지 못하게 하려 함이니라"(갈5:17)

"그런즉 내 자신이 마음으로는 하나님의 법을 육신으로는 죄의 법을 섬기노라"(롬 7:25)

2) 하나님을 알고자 하는 마음이 충만해지는 것으로 알 수 있습니다.

거듭난 사람은 하나님에 대해 진지하게 관심을 갖습니다. 하나님을 더 깊이 있게 알고 싶어 합니다. 하나님을 갈망합니다. 하나님에 대해서라면 마음을 다해 귀 기울입니다. 하나님의 일에 적극적으로 관여하고 반응합니다.

"하나님이여 사슴이 시냇물을 찾기에 갈급함 같이 내 영혼이 주를 찾기에 갈급하니이다 내 영혼이 하나님 곧 살아 계시는 하나님을 갈망하나니 내가 어느 때에 나아가서 하나님의 얼굴을 뵈올까"(시42:1~2)

"주께 합당하게 행하여 범사에 기쁘시게 하고 모든 선한 일에 열매를 맺게 하시며 하나님을 아는 것에 자라게 하시고"(골1:10)

3) 죄를 피하고, 미워하고, 경각심을 갖는 것으로 알 수 있습니다.

거듭난 사람은 죄를 피하게 됩니다. 죄를 미워하게 됩니다. 죄에 대해 경각심을 갖게 됩니다. 죄에 대한 모든 것을 싫어하고 멀리하게 되는 것은 당연한 일입니다. 왜냐하면 거듭난 사람은 죄가 얼마나 힘들게 하고 아프게 하는지 잘 압니다. 죄가 얼마나 심각한 결과를 낳는지 너무나 잘 압니다. 죄가 얼마나 무섭고 고통스러운 일이지 너무너무 잘 압니다.

"죄의 삯은 사망이요"(롬6:23)

"욕심이 잉태한즉 죄를 낳고 죄가 장성한즉 사망을 낳느니라"(약1:15)

성경은 거듭나기 전의 모든 사람들의 모습을 적나라하게 이렇게 표현합니다. 세상 풍조를 따랐습니다. 공중의 권세 잡은 자를 따랐습니다. 육체의 욕심을 따라 지냈습니다. 육체와 마음의 원하는 것을 하여 본질상 진노의 자녀였습니다(엡2:2~3). 행실이 악했습니다. 하나님과 마음으로 원수가 되었습니다(골1:21). 어리석기만 했습니다. 순종이 무엇인지 모르고 살았습니다. 속이고 속기도 잘했습니다. 여러 가지 정욕과 즐기고 노는 것에 종노릇했습니다. 악독과 투기를 일삼았습니다. 가증스러웠습니다. 미워하기를 잘했습니다(딛3:3).

이러한 죄들을 살펴보면서 참으로 한심스러운 삶을 살았음을 발견합니다. 부끄럽기 짝이 없는 삶을 살았음을 깨닫습니다. 죄악된 삶을 살았음을 고백합니다. 결과적으로 거듭나지 못했다면 우리도 하염없이 이렇게 살다가 생을 마감하고 말았을 것입니다. 거듭나지 못했다면 이렇게 사는 것이 당연하고 자연스러운 것입니다. 육신적으로 수많은 죄를 짓다가 인생이 끝났을 것입니다. 그럼에도 불구하고 거듭나 이 시간까지 왔다면 도무지 감당할 길 없는 하나님의 은혜에 감사하고 또 감사할 일입니다. 여러분은 정녕 거듭나셨습니까?

"이르되 주 예수를 믿으라
그리하면 너와 네 집이 구원을 받으리라 하고"

- 행16:31

11장 · 구원

   노년에 그리스도인이 된 할머니가 손녀와 함께 거리를 걷고 있었습니다. 그때 거지가 그들에게 다가와 손을 벌립니다. 할머니는 아무 말 없이 거지의 손에 돈을 쥐여줬습니다. 얼마 걷지 않아 다음 장소에서는 자선냄비가 그들을 기다리고 있었습니다. 이번에도 할머니는 지폐를 꺼내서 자선냄비에 넣었습니다. 할머니의 행동을 유심히 지켜보던 손녀가 말했습니다.

   "할머니, 그리스도인이 되신 후 잃어버린 게 많으시죠?"

   할머니는 빙그레 웃으며 답했습니다.

   "암, 꽤 많이 잃어버렸지. 이 할미의 조급한 성격, 남을 헐뜯는 버릇, 의미 없는 오락, 사교 모임에 나가 낭비하는 시간이 없어졌으니까. 그것뿐인 줄 아니 탐욕스럽고 이기적인 마음까지도 사라졌으니 참 많이 잃어버린 셈이지."

   생명이신 그리스도가 우리를 찾아오시면 그보다 못한 것들은 자연스럽게 떠나보내게 됩니다. 삭개오가 그런 사람 중 하나였습니다.

"삭개오가 서서 주께 여짜오되 주여 보시옵소서 내 소유의 절반을 가난한 자들에게 주겠사오며 만일 누구의 것을 속여 빼앗은 일이 있으면 네 갑절이나 갚겠나이다"(눅 19:8)

우리는 예수님을 믿은 후 무엇을 잃어버렸습니까? 달리 표현하면 우리는 예수님을 믿은 후 무엇을 얻었습니까? 그것은 바로 구원입니다. 누가복음 18장에 등장하는 부자 관리에 대한 예수님의 말씀은 우리에게 많은 것을 생각하게 합니다. 사람들의 반응과 예수님의 말씀입니다.

"듣는 이들이 이르되 그런즉 누가 구원을 얻을 수 있나이까 이르시되 무릇 사람이 할 수 없는 것을 하나님은 하실 수 있느니라"(눅18:26~27)

율법을 지키는 일에는 자신이 있었으나 영생에 대한 확신을 가질 수 없던 관리의 문제는 무엇이었을까요(18절). 그것은 너무 많은 재물을 가진 부자였다는 것입니다. 예수께서 그에게 '가진 것을 모두 팔아 가난한 자에게 나눠주고 나를 따르라'고 말씀했을 때 재물로 인해 근심했습니다(23절). 부자 관리에게는 구원의 걸림돌이 재물이었지만 어떤 사람에게는 자식이나 지식입니다. 어떤 사람에게는 명예이고 권력입니다. 또 어떤 사람에게는 건강이고 직업입니다. 재물에 매여 평생을 살았던 부자 관리가 근심하며 심각해지는 것을 보고 제자들은 심각하게 질문합니다.

"그런즉 누가 구원을 얻을 수 있나이까"(26절)

사람은 구원을 위해 무엇인가 해야 한다고 생각합니다. 하나님은 오직 하나님만 의지하라고 말씀합니다. 하나님 외에 의지하는 것이 있다면 과감히 버려야 합니다. 우리는 과연 어떻습니까? 어리석은 부자 관리처럼 재물이라도 조금 소유하면 그것을 하나님보다 더 의지하지는 않습니까? 연약한 제자들처럼 단호한 하나님의 말씀 앞에서 절망을 느끼지는 않습니까? 참으로 우리는 스스로 구원에 이를 수 없는 존재입니다. 오직 하나님만 우리를 구원에 이르게 할 수 있습니다. 이러한 구원을 보다 정확하게 표현하면 죄로부터의 구원, 사망으로부터의 구원, 마귀로부터의 구원, 심판으로부터의 구원을 말합니다. 그렇다면 구원을 어떻게 이해해야 할까요?

구원은 하나님께서 하시는 일입니다.

"찬송하리로다 하나님 곧 우리 주 예수 그리스도의 아버지께서 그리스도 안에서 하늘에 속한 모든 신령한 복을 우리에게 주시되 곧 창세 전에 그리스도 안에서 우리를 택하사"(엡1:3~4)

"주께서 사랑하시는 형제들아 우리가 항상 너희에 관하여 마땅히 하나님께 감사할 것은 하나님이 처음부터 너희를 택하사 성령의 거룩하게 하심과 진리를 믿음으로 구원을 받게 하심이니"(살후2:13)

"하나님이 우리를 구원하사 거룩하신 소명으로 부르심은"(딤후1:9)

어느 한 사람이 어느 날 구원받았다는 것은 실로 엄청난 사건입니다. 세상에서 있을 수 없는 일이 일어난 일이기 때문입니다. 나약하고 어리석은 사람인데 어떻게 이런 일이 일어날 수 있었는지 자신도 신기할 뿐입니다. 이것은 내 힘으로 된 것이 아니기에 천지가 개벽된 일이 아닐 수 없습니다.

이러한 엄청난 구원을 시간 속에서 곰곰이 생각하고 생각해 봅니다. 그러면 전적으로 하나님이 하신 일이기에 구원이라는 어마어마한 사건이 가능했다는 것을 어느 한순간 깨닫게 됩니다. 그리고 전율을 느끼게 됩니다. 나 같은 사람이 구원받았다는 사실 앞에 눈물이 앞을 가리게 됩니다. 이처럼 구원받은 사람의 입장에서 보면 너무나 감사하게도 하나님의 구원 계획 속에서 하나님이 만들어 놓으신 정확한 환경과 하나님의 정확한 시간에 구원받았다는 것을 알 수 있습니다. 하나님의 전적인 은혜로 말입니다. 이러한 신비를 알면 알수록 감격할 뿐입니다. 가슴이 벅차오를 뿐입니다. 그러므로 구원은 하나님의 분명한 계획이자 하나님의 특별한 사랑의 표현이라는 것을 알 수 있습니다.

이러한 하나님의 구원 활동은 언제나 있어 왔습니다. 시대라는 시간 속에서 구원의 활동은 변함없이 이어져 왔습니다. 이토록 중요하고도 귀한 구원이 과거와 현재 그리고 앞으로 다가올 미래에도 끊임없이 펼쳐질 것을 생각하니 감동적입니다. 어떤 사람이 구원받고, 또 어떤 사람이 구원받을지 기대 되는 것은 어찌된 일일까요? 구원이라는 말씀만 들어도 가슴이 뛰고 감동이 밀려오는 것은 어찌된 일일까요? 구원이라는 단어를 떠올리면 떠올릴수록 마음 깊이 감사할 뿐입니다. 하나님의 형상으로 완벽하게 창조된 인간이었지만 한순간에 타락함으로 말미암아 죄짓고, 그러면서 어리석은 삶을 끊임없이 살았던 인간에게 하나님의 구원의 손길은 한 줄기 희망의 빛이라고 말할 수 있습니다. 놀랍고도 충격적인 기쁜 소식이라고 말할 수 있습니다. 예수 그리스도를 믿어 구원받았다면 그것은 하나님이 하신 일입니다. 그러므로 구원은 하나님이 하시는 일입니다.

구원은 하나님의 은혜입니다.

"너희는 그 은혜에 의하여 믿음으로 말미암아 구원을 받았나니 이것은 너희에게서
난 것이 아니요 하나님의 선물이라"(엡2:8)
"하나님이 우리를 구원하사 … 그리스도 예수 안에서 우리에게 주신 은혜대로 하
심이라"(딤후1:9)

아담과 하와가 하나님 앞에서 범죄한 이래로 사람들은 하나님 앞에서 수
많은 죄악과 어리석음과 한심한 모습을 보여 왔습니다. 부패하고 교만하
며 불순종으로 일관해 왔습니다. 제멋대로 기분 따라 문제를 일으키며 살
아왔습니다. 사람들의 죄악된 모습은 시대를 불문하고 변함이 없었습니다.
더욱 더 교활하고 교묘한 모습으로 넓게 퍼져갔습니다. 이러한 시대 속에
서 소수의 어떤 사람들은 '이게 아닌데' '이렇게 살아간다면 희망이 없는
데' '어떻게 해야 한단 말인가' 하는 거룩한 근심으로 밤낮을 보내는 사람들
도 있었을 것입니다. 시대는 발전할수록 부패하고 타락했으며, 생활이 윤
택할수록 여유가 없고 이기적이며 욕심은 끝이 없는 삶이 이어졌습니다.
세상 나라들은 흥망성쇠를 거듭하고, 사람들의 빈부격차는 더욱 심해졌으
며, 개개인의 목숨은 파리 목숨과 같았습니다. 문화가 발전하고 학문이 대
접받으며 세상이 막힘없이 활발하게 소통되던 그때에도 여전히 사람들은
죄가 무엇인지도 모르면서 죄를 짓고 살았습니다. 시대의 상황은 암울하기
만 했습니다.

그럼에도 불구하고 한편으로는 하나님의 때가 임박한 시대였습니다. 하
나님께서 일하실 수 있는 절호의 기회였습니다. 하나님은 이러한 시대 상황

을 하나님의 구원의 시간으로 삼으시고 하나님의 아들이신 예수 그리스도를 이 세상에 보내주셨습니다(갈4:4). 죄 많은 사람들에게 조건 없는 은혜를 베풀어 주셨습니다. 받을 자격 없는 자에게 거저 주시는 하나님의 선물을 말입니다. 관심도 없었는데 말입니다. 생각하지도 않았는데 말입니다. 하나님의 시간에 하나님께서 은혜를 베풀어 주신 것입니다. 빈부귀천, 지위고하, 남녀노소 할 것 없이 누구에게나 은혜를 허락하신 것입니다. 너무나 감사하게도 하나님께서 지극히 사랑해주시고, 불쌍히 여겨주시고, 기회를 주셔서 얻은 것이 구원입니다. 한심스럽고, 어리석으며, 무지함에도 불구하고 은혜를 베풀어 주셔서 얻은 것이 구원입니다. 형편없는 삶, 희망 없는 삶, 보잘것 없는 삶 가운데서도 불쌍히 여겨주셔서 얻은 것이 구원입니다. 그러므로 구원은 전적으로 하나님의 은혜입니다.

구원은 창세전에 하나님에 의해 계획되었습니다.

"곧 창세 전에 그리스도 안에서 우리를 택하사"(엡1:4)

"하나님이 처음부터 너희를 택하사"(살후2:13)

"하나님이 우리를 구원하사 … 영원 전부터"(딛후1:9)

성경은 우리의 구원에 대해 어마어마한 말씀을 하고 있습니다. 계산할 수도 없는, 계산하기도 어려운 말씀을 들려주고 있습니다. 그것은 창세전에 우리를 구원하시기 위해 계획하셨다는 말씀입니다. 어떻게 이런 일이 있을 수 있습니까. 우리에게 다가온 구원이 이렇게도 어마어마하면서도 세밀한 계획에 의해 이루어졌다니 도무지 현실적으로 믿기 어려운 말씀이 아닐 수 없습니다. 한편으로 생각하면 가슴 뭉클하고 다른 한편으로 생각하면 가슴 아찔하지 않을 수 없는 말씀입니다. 돌이켜보면 얼마나 감사한 일인지 모릅니다. 얼마나 다행스러운 일인지 모릅니다. 나와 여러분들의 구원을 위해 하나님이 직접 계획하셨다니요. 죄인으로 태어나 죄인으로 살다 죄인으로 죽을 수밖에 없는 나와 여러분을 구원해 주셨다니요. 상상도 할 수 없었던 일들이 생긴 것입니다. 하나님의 은혜가 아니고는 도저히 받아들이기 힘든 일이 이루어진 것입니다. 어느 날 구원받고 보니 하나님께서 창세전에 계획하신 뜻에 의해 구원되었다는 사실과 현실 앞에 전율을 느낍니다. 말할 수 없는 엄청난 충격을 받습니다.

성경은 구원에 대해 처음부터 끝까지 지속적으로 말씀합니다. 구원은 세상이 만들어지기 전부터 고안되었다고 말입니다. 구원은 사람이 창조되기 전부터 계획된 것이라고 말입니다. 구원은 하나님에 의해 계획된 것이 실행된 것이라고 말입니다. 이것은 너무나 신비하고 신비한 일입니다. 말로 표현할 수 없을 정도로 엄청나게 신비한 일입니다. 인간의 머리로는 이해하기 불가능한 일이 아닐 수 없습니다. 그 무엇으로 설명하고 그 무엇을 제시한다 하더라도 깨닫기가 불가능한 일입니다. 아무리 생각해 보아도 구원은 상상을 초월하는 대사건입니다. 그러므로 구원은 창세전에 하나님에 의해 계획된 것이라는 것을 알 수 있습니다. 하나님의 계획이 없었다면 이루어질 수 없는 일이라는 것을 분명하게 알 수 있습니다. 이렇게 엄청난 대사건인 구원을 받고 누릴 수 있는 우리가 되었다는 것에 대해 여러분은 얼마나 감격스러워 하십니까? 얼마나 황홀한 기쁨을 갖고 계십니까? 얼마나 진지한 마음으로 살아가십니까? 하나님의 특별한 계획에 의해 구원받았음을 결코 잊지 말아야 합니다. 이것이 나와 여러분에게 다가온 구원입니다.

결론적으로 구원은 언제나 예수님을 통해서만 받습니다. 예수님을 믿어야 구원을 받습니다. 세상에 수많은 사람들이 자칭 구원자라 말하며 많은 사람들을 현혹하고 있지만 모두다 가짜라는 것이 시대를 통해 드러났습니다. 과거나 현재 그리고 미래에도 언제나 변함없는 진리는 예수님이 구원자라는 사실입니다. 예수님 외에 다른 이름으로써는 구원 얻을 방법이 없습니다.

> "다른 이로써는 구원을 받을 수 없나니 천하 사람 중에 구원을 받을 만한 다른 이름
> 을 우리에 주신 일이 없음이라 하였더라"(행4:12)

성경은 예수 그리스도를 통한 구원을 언급합니다. 그 어디에도 예수 그리스도를 통하지 않는 구원은 없음을 강력히 말합니다. 이러한 말씀들을 정리해 보면 구원은 상상을 초월한 신비한 사건이라는 것입니다. 또한 구원받을 수 있는 기회는 항상 열려 있다는 것입니다. 따라서 구원받은 그리스도인이 되었다면 하나님께 찬양과 영광과 존귀를 합당하게 돌려야 하지 않겠습니까? 그렇게 하는 것이 지극히 마땅하지 않겠습니까? 할렐루야!

"너희 안에서 착한 일을 시작하신 이가
그리스도 예수의 날까지 이루실 줄을 우리는 확신하노라"

- 빌1:6

12장 · 거룩한 삶

'냄새'라는 단어가 있습니다. 이 단어는 재미있는 말입니다. "그 사람, 사람 냄새 제대로 나" 이 말은 사람다운 사람이라는 말입니다. '사람 냄새'에 대한 사전의 설명은 "인간다운 따뜻한 마음을 지닌 사람에게서 느껴지는 태도나 분위기 따위를 비유적으로 이르는 말"입니다. 여기에서 냄새는 긍정적인 의미입니다. 그런가 하면 부정적인 의미로도 사용됩니다. "그 사람, 냄새가 수상해" 같은 원래 의미와 다른 의미로 확장되어 표현될 때 그렇습니다. 이 말은 왠지 모르게 문제가 있는 사람이라는 말입니다. 뭔가 이상하다는 느낌을 더 확실하게 드러냅니다. 냄새라는 단어가 어떤 단어와 결합하느냐에 따라 의미가 달라지기도 합니다.

성경에도 냄새와 관련된 내용이 있습니다. 구원받은 그리스도인이 어떤 냄새를 나타내어야 하는지 보여주는 귀한 말씀입니다.

"항상 우리를 그리스도 안에서 이기게 하시고 우리로 말미암아 각처에서 그리스도를 아는 냄새를 나타내시는 하나님께 감사하노라 우리는 구원받은 자들에게나 망하는 자들에게나 하나님 앞에서 그리스도의 향기니 이 사람에게는 사망으로부터 사망에 이르는 냄새요 저 사람에게는 생명으로부터 생명에 이르는 냄새라 누가 이 길을

감당하리요"(고후2:14~16)

　구원받아 그리스도인이 되었다면 좋은 냄새가 나야 합니다. 아름다운 향기가 나야 합니다. 이것이야말로 그리스도인으로서 평생 보여주어야 할 모습입니다. 이러한 삶의 모습을 거룩한 삶이라고 말합니다. 그리스도인은 이 세상의 수많은 사람들 중에서 귀하게 선택된 사람이고 아주 특별한 사람이며 거룩하게 구별된 사람입니다. 그러므로 그리스도인은 이 세상 삶 가운데서 끊임없이 하나님의 은혜 가운데 살기를 추구해야 합니다. 예수 그리스도를 닮기 위해 애써야 합니다. 성령의 역사를 순간마다 기대하며 살아야 합니다. 이런 삶이 바로 성화의 삶, 거룩한 삶입니다.

　한편 거룩한 삶을 자세히 깊이 있게 관찰해 보면 자기 스스로의 힘이나 노력 또는 마음을 다하는 의지로 거룩한 삶을 사는 것이 아니라 하나님의 은혜와(살전5:23), 예수님의 사랑과(엡5:25~26), 성령의 역사가(살후2:13) 없이는 이루어질 수 없는 삶이라는 것을 알 수 있습니다(빌1:6). 특별히 거룩한 삶은 성령의 사역임을 알 수 있습니다. 거룩한 삶은 우리 안에서 행하시고 역사하시는 성령께서 절대적으로 주관하신다고 해도 과언이 아닙니다. 따라서 거룩한 삶은 성령의 사역임과 동시에 그리스도인의 역할임을 알 수 있습니다. 그리스도인의 입장에서 보면 성경은 그리스도인을 향해 그리스도인으로서의 거룩한 삶을 강조합니다. 그것은 구체적으로 무엇일까요?

거룩한 삶이 필요한 이유는 무엇입니까?

거룩한 삶이란 구별된 삶을 말합니다. 믿음의 삶을 말합니다. 깨끗한 삶을 말합니다. 그리스도인으로서 예수 그리스도를 닮아가는 삶을 일컫습니다. 이러한 삶은 그리스도인들을 향한 하나님의 뜻입니다.

"하나님의 뜻은 이것이니 너희의 거룩함이라 … 하나님이 우리를 부르심은 부정하게 하심이 아니요 거룩하게 하심이니"(살전4:3,7)

이렇게 거룩한 삶이 하나님의 뜻이라면 이와 같은 삶이 필요한 이유는 무엇일까요? 무엇 때문에 거룩한 삶이 필요하겠습니까?

1) 죄악 때문입니다.

사람이 타락한 이래로 얼마나 많은 죄악 가운데서 살았는지 알 수 없을 정도입니다. 움직이는 행동마다, 말하는 말마다, 계획하는 계획마다 죄악이 가득한 것을 알 수 있습니다.

"여호와께서 사람의 죄악이 세상에 가득함과 그의 마음으로 생각하는 모든 계획이 항상 악할 뿐임을 보시고"(창6:5)

이러한 죄악과 악한 생각, 악한 계획으로 살아가던 세상 속에서 어느 날 예수 그리스도를 믿게 되었다면 달라져야 합니다. 마음을 다해 변화에 동참해야 합니다. 믿기 전의 삶이 얼마나 형편없고 비참한 삶이었는지 되돌아보고 마음을 모아 새로운 삶에 적극적으로 응답해야 합니다. 그것이 믿음의 삶이요 구별된 삶이며 거룩한 삶입니다. 이를 위해 예수 그리스도께서 십자가에 돌아가셨습니다. 그리스도인들을 위해 십자가에서 피 흘려 고통당하며 죽으셨습니다.

> "이 뜻을 따라 예수 그리스도의 몸을 단번에 드리심으로 말미암아 우리가 거룩함을 얻었노라 그가 거룩하게 된 자들을 한 번의 제사로 영원히 온전하게 하셨느니라"(히10:10,14)

2) 악한 세상 때문입니다.

세상의 흐름을 보면 볼수록 인간의 타락 이래 문화와 문명이 발전하면서 더불어 학문과 과학이 발전하고 있는 것은 사실입니다. 하지만 그 이면에 흐르고 있는 개인주의, 이기주의, 지나친 탐욕 등은 세상이 얼마나 악한지 분명하게 보여주는 부정적인 요소입니다. 이러한 악한 세상에서 하나님의 은혜로 구원받았다면 마음을 다해 귀한 삶을 경주해야 하고 거룩한 삶을 살아야 합니다.

> "그리스도께서 하나님 곧 우리 아버지의 뜻을 따라 이 악한 세대에서 우리를 건지시려고 우리 죄를 대속하기 위하여 자기 몸을 주셨으니"(갈1:4)
> "음행하는 자나 우상숭배하는 자나 간음하는 자나 탐색하는 자나 남색하는 자나 도적이나 탐욕을 부리는 자나 술 취하는 자나 모욕하는 자나 속여 빼앗는 자들은 하나님의 나라를 유업으로 받지 못하리라 너희 중에 이와 같은 자들이 있더니 주 예수 그리스도의 이름과 우리 하나님의 성령 안에서 씻음과 거룩함과 의롭다 하심을 받았느니라"(고전6:9~11)

거룩한 삶이 중요한 이유는 무엇입니까?

구원받은 그리스도인이 되었다면 거룩한 삶을 살아야 하는 것은 지극히 당연합니다. 죄악으로부터 구별된 삶, 악한 세상으로부터 구별된 삶은 그리스도인으로서 지혜로운 삶이 아닐 수 없습니다. 이러한 거룩한 삶이 그리스도인들에게 중요한 이유는 무엇일까요?

1) 하나님이 거룩하시기 때문입니다.

그리스도인들이 문제에 휩싸이지 않기 위해서가 아닙니다. 그리스도인들이 성공하기 위해서가 아닙니다. 그리스도인들이 행복해지기 위해서가 아닙니다. 그것은 오직 그리스도인들이 하나님의 백성이기 때문입니다. 예수 그리스도께서 그리스도인들을 위해 죽으시고 핏 값으로 우리를 사셨기 때문입니다. 무엇보다도 하나님이 거룩하시기 때문입니다.

"너희가 순종하는 자식처럼 전에 알지 못할 때에 따르던 너희 사욕을 본받지 말고 오직 너희를 부르신 거룩한 이처럼 너희도 모든 행실에 거룩한 자가 되라 기록되었으되 내가 거룩하니 너희도 거룩할지어다 하셨느니라"(벧전1:14~16)

그러므로 그리스도인은 죄된 삶을 살 권리가 없습니다. 죄를 즐길 수 있는 권리가 없습니다. 죄와 함께 동행할 권리가 없습니다. 죄인으로서의 삶을 포기하고 거룩한 삶을 살기를 작정한 사람들이 그리스도인이기에 늘 가슴속에, 생각 속에, 행동 속에 거룩한 삶을 기억하고 또 기억하며 살아야 합니다.

2) 그리스도인다운 합당한 열매를 맺어야 하기 때문입니다.

그리스도인들이 거룩한 삶을 살아야 하는 것은 하나님의 자녀가 되었기 때문입니다. 믿음의 자녀가 되었기 때문입니다. 구원의 자녀가 되었기 때문입니다. 이러한 삶을 살아야 하는 것은 그리스도인다운 합당한 열매를 맺기 위해서입니다. 이것이 구별된 삶이고 거룩한 삶입니다. 그것도 꾸준하게 끊임없이 지속적으로 맺어야 할 열매입니다. 거룩한 삶은 한순간 잠깐 살다가 그만두는 것이 아니라 이 세상에서 삶이 끝나는 순간까지 건강하게 균형 잡힌 모습으로 계속적으로 이어가야 할 삶이 되어야 합니다(갈5:22~23).

> "또 이르시되 하나님의 나라는 사람이 씨를 땅에 뿌림과 같으니 그가 밤낮 자고 깨고 하는 중에 씨가 나서 자라되 어떻게 그리 되는지를 알지 못하느니라 땅이 스스로 열매를 맺되 처음에는 싹이요 다음에는 이삭이요 그다음에는 이삭에 충실한 곡식이라"(막4:26~28)
> "빛의 열매는 모든 착함과 의로움과 진실함에 있느니라"(엡5:9)

거룩한 삶을 위해 그리스도인이 해야 할 일은 무엇입니까?

하나님께서는 우리 그리스도인에게 두 가지를 원하십니다. 가장 먼저 두렵고 떨림으로 구원을 이루는 것입니다. 다음으로 소원을 두고 행하기를 원하십니다(빌2:12~13). 이것을 달리 표현하면 이렇습니다.

1) 하나님의 말씀으로 무장해야 합니다.

육신도 먹지 않으면 살아갈 수 없듯이 하나님의 말씀도 먹지 않으면 그리스도인으로서 온전하게 살아가기 어렵습니다. 말씀을 잘 먹어 성숙해지고, 성숙함으로 무장할 때 거룩한 삶이 가능합니다.

"그들을 진리로 거룩하게 하옵소서 아버지의 말씀은 진리니이다"(요17:7)

2) 하나님을 두려워할 줄 알아야 합니다.

하나님을 알게 되면 하나님을 자연스럽게 두려워할 수밖에 없습니다. 하나님을 알면 알수록 경외심을 갖게 되고 '어찌할꼬'하는 심정이 됩니다. 이러한 마음을 잊어버리지 않고 살아가는 것이 거룩한 삶입니다.

"그런즉 사랑하는 자들아 이 약속을 가진 우리는 하나님을 두려워하는 가운데서 거룩함을 온전히 이루어 육과 영의 온갖 더러운 것에서 자신을 깨끗하게 하자"(고후 7:1)

3) 우리 몸을 의의 병기로 하나님께 드려야 합니다.

죄인으로 세상에 태어나 육체의 본능을 따라 살아가다 보니 육체가 불의의 무기로 쓰였던 적이 한두 번이 아니었을 것입니다. 하지만 이제는 달라져야 하고 변해야 합니다. 육체를 의의 무기로 사용해야 합니다. 거룩한 삶이란 이런 것입니다.

"또한 너희 지체를 불의의 무기로 죄에게 내주지 말고 오직 너희 자신을 죽은 자 가운데서 다시 살아난 자 같이 하나님께 드리며 너희 지체를 의의 무기로 하나님께 드리라 … 전에 너희가 너희 지체를 부정과 불법에 이른 것 같이 이제는 너희 지체를 의에게 종으로 내주어 거룩함에 이르라"(롬6:13,19)

4) 서로 사랑해야 합니다.

사람은 믿을 존재가 되지 못합니다. 믿으면 믿을수록 실망이 커집니다. 그러기에 사람은 믿는 것이 아니라 사랑해야 할 존재라는 것을 살아가면 갈수록 절실하게 느끼게 됩니다. 서로서로 사랑하는 것이 그리스도인의 거룩한 삶의 흔적입니다.

"또 주께서 우리가 너희를 사랑함과 같이 너희도 피차간과 모든 사람에 대한 사랑이 더욱 많아 넘치게 하사 너희 마음을 굳건하게 하시고 우리 주 예수께서 그의 모든 성도와 함께 강림하실 때에 하나님 우리 아버지 앞에서 거룩함에 흠이 없게 하시기를 원하노라"(살전3:12~13)

5) 악은 어떤 모양이라도 버려야 합니다.

선과 악은 세상에 널려있습니다. 어떤 것은 취하고 어떤 것은 버려야 할지 몹시 어려운 것이 세상살이입니다. 그럼에도 불구하고 구원받은 그리스도인의 시각으로 분별한다면 악한 것은 얼마든지 버릴 수 있습니다. 악을 버리는 것이 거룩한 삶입니다.

"범사에 헤아려 좋은 것을 취하고 악은 어떤 모양이라도 버리라 평강의 하나님이 친

히 너희를 온전히 거룩하게 하시고"(살전5:21~23)

그리스도인은 무엇으로 하나님께 영광을 돌려야 합니까? 예배를 통해, 기도를 통해, 찬양을 통해, 헌신을 통해 하나님께 영광을 돌릴 수 있습니다. 그런데 예수님은 우리에게 하나님께 영광을 돌릴 수 있는 또 다른 길을 가르쳐 줍니다.

> "이같이 너희 빛이 사람 앞에 비치게 하여 그들로 너희 착한 행실을 보고 하늘에 계신 너희 아버지께 영광을 돌리게 하라"(마5:16)

그리스도인의 착한 행실이 하나님께 영광이 된다고 말씀합니다. 그러한 그리스도인의 착한 행실을 보고 불신자들이 오히려 하나님께 영광 돌리게 하라고 말씀합니다. 그리스도인의 선한 행동과 선한 태도와 선한 자세가 불신자들로 하여금 하나님께 영광 돌리는 기회가 될 수 있다는 말씀입니다. 그리스도인은 착한 행실을 보여 주어야 합니다. 말이 아니라 행동으로 보여 주어야 합니다. 그리스도인의 거룩한 삶이란 바로 이런 것입니다.

> "선을 행하고 선한 사업을 많이 하고 나누어 주기를 좋아하며 너그러운 자가 되게 하라"(딤전6:18)

"또 내가 네게 이르노니 너는 베드로라
내가 이 반석 위에 내 교회를 세우리니
음부의 권세가 이기지 못하리라"

- 마16:18

13장 · 교회

미국의 어느 도시를 여행하던 사람이 주일이 되어 예배를 드리기 위해 교회를 찾아 나섰습니다. 한참을 찾던 여행객이 교통경찰에게 가까운 교회를 가르쳐 달라고 부탁했고, 경찰은 멀리 보이는 한 교회를 가리키며 그 교회를 갈 것을 추천했습니다. 여행객은 가까운 교회라고 말했음에도 먼 곳을 추천하는 그 경찰에게 이렇게 물었습니다.

"가까운 곳에는 교회가 없습니까? 왜 저렇게 먼 곳의 교회를 가르쳐 주십니까?"

이 말을 듣고 경찰은 의미 있는 말로 다음과 같이 대답했습니다.

"저는 기독교 신자는 아니지만 예배를 드리고 나오는 사람들을 보면서 여러 생각을 합니다. 특별히 저 교회의 사람들은 예배를 드리고 나오는 표정이 항상 기쁘고 즐겁게 보였습니다. 교회에 대해서 잘 알지는 못하지만 제 생각에는 저 교회가 은혜로운 교회이고 참된 교회인 것 같아서 소개한 것입니다."

교회는 이렇게 믿지 않는 사람들이 봐도 마음이 끌리는 교회가 되어야 합니다. 영향력을 끼치는 교회가 되어야 합니다. 인정받는 교회가 되어야 합니다. 교회가 교회되기 위해서는 교회에 다니는 그리스도인이 누구인지 알아야 하고, 교회가 무엇을 하는 곳인지 아는 것이 중요합니다. 교회는 믿음으로 구원받은 그리스도인들이 하나님의 말씀을 듣는 곳입니다. 그리고 들은 말씀대로 살기 위해 훈련받는 곳입니다. 따라서 교회는 구원받은 그리스도인들이 하나님의 말씀을 듣고 훈련하는 공동체인 것을 알 수 있습니다. 이러한 교회에 대해 구체적으로 알아야 할 것은 무엇일까요?

교회란 무엇입니까?

교회란 '부름 받은 사람들의 공동체' '구원받은 사람들의 공동체'라고 말할 수 있습니다. 다시 말해 '특별하게 선택된 사람들이 예수님을 주님(구주와 주인)으로 고백하고 받아들인 무리의 모임'이라는 뜻입니다. 초대교회에서의 교회는 건물이 아니라 믿음으로 구원받은 사람들의 모임을 의미합니다. 교회란 말은 베드로가 위대한 신앙고백을 하고 난 이후(마16:16) 앞으로 교회가 세워진다고 주님께서 말씀하실 때 최초로 사용한 단어입니다(마 16:18). 이러한 말씀들을 볼 때 분명한 것은 교회는 건물이 아니라 모임이라는 것을 알 수 있습니다. 그것도 선택되어 구원받은 사람들의 모임이라는 것을 말입니다. 물론 시간이 흘러 구원받은 사람들이 점점 많아져 함께 모일만한 건물이 필요했습니다. 그래서 건물을 짓는 과정의 역사를 오늘날까지 이어오고 있는 것도 현실입니다. 하지만 초대교회는 오늘날의 교회처럼 교회 건물을 교회라고 하지 않았다는 것입니다.

그럼에도 불구하고 교회라는 단어의 인식은 초대교회 시절에 쓰였던 모임(공동체)이라는 의미보다 점진적으로 눈에 보이는 건물을 교회라는 의미로 쓰이는 것으로 변화되어 왔습니다. 그리스도인들이 확실하게 염두에 두어야 하는 것은 아름답게 지어진 보이는 교회 건물보다 교회로서 바른 신앙 공동체인가에 더 많은 관심을 기울여야 한다는 것입니다. 믿음으로 구원받는 순간 그리스도인은 영원토록 교회의 구성원이 됩니다. 동시적으로 교회의 구성원으로서 교회의 일꾼이라는 책임이 주어집니다. 이에 따라 혼탁한 시대에 구원의 진리를 선포하고 지키는 역할을 감당해야 합니다. 또한 하나님나라를 확장하는데 거룩한 부담을 갖고 충실하게 쓰임 받아야 합니다. 구원받은 그리스도인의 삶은 온전하게 교회를 중심으로 신앙생활을 이루어 갑니다. 이러한 성숙한 그리스도인은 흔들림 없는 교회 생활을 유지합니다. 따라서 구원받은 그리스도인은 교회에 소속된 한 지체로서 어떠한 삶을 살아야 할 것인지 늘 생각하고 배우며 살아가는 사람입니다. 교회는 부름 받은, 구원받은 사람들의 모임(공동체)입니다.

성경은 교회를 어떻게 표현하고 있습니까?

교회를 '부름 받은 사람들의 공동체' '구원받은 사람들의 공동체'라고 부르기도 했으나 이외에도 다양하게 표현되는 장면들이 성경에는 많이 등장합니다. 성경에서 교회를 여러 다양한 모습으로 표현하고 있다는 것은 교회만의 독특한 면모를 보여주는 것으로 중요하면서도 귀한 일이 아닐 수 없습니다. 그만큼 세상과는 구별되는 역할과 임무가 있음을 보여줍니다. 따라서 교회를 다양하게 표현하고 있는 성경 말씀을 살펴보는 것은 교회의 교회

됨을 이해하고 아는 데 많은 도움이 됩니다.

1) 그리스도의 몸

이는 그리스도와 교회의 관계에 대한 가장 적합하고 합당한 표현입니다.

> "그를 만물 위에 교회의 머리로 삼으셨느니라 교회는 그의 몸이니"(엡1:22~23)
> "그는 몸인 교회의 머리시라 … 그의 몸된 교회를 위하여"(골1:18, 24)

2) 그리스도의 신부

교회에 대한 그리스도의 사랑을 가장 잘 보여주는 표현입니다.

> "남편들아 아내 사랑하기를 그리스도께서 교회를 사랑하시고 그 교회를 위하여 자신을 주심 같이 하라"(엡5:25)

3) 하나님의 전

교회가 신령한 곳임을 가장 잘 보여주는 표현입니다.

> "너희는 너희가 하나님의 성전인 것과 하나님의 성령이 너희 안에 계시는 것을 알지 못하느냐"(고전3:16)
> "너희도 산 돌 같이 신령한 집으로 세워지고"(벧전2:5)

4) 하늘의 예루살렘

교회가 하나님과 친밀하게 교제를 나누는 곳임을 보여주는 표현입니다.

"그러나 너희가 이른 곳은 시온 산과 살아 계신 하나님의 도성인 하늘의 예루살렘과 천만 천사와"(히12:22)

5) 진리의 기둥과 터

교회가 세상에 대하여 진리를 수호하고 변증하는 사명이 있음을 보여주는 표현입니다.

"만일 내가 지체하면 너로 하여금 하나님의 집에서 어떻게 행하여야 할지를 알게 하려 함이니 이 집은 살아 계신 하나님의 교회요 진리의 기둥과 터니라"(딤전3:15)

교회가 하는 일은 무엇입니까?

교회가 하는 일을 알아야 하는 것은 지극히 당연합니다. 교회가 건강한 교회인지, 살아 있는 교회인지, 참된 교회인지 구별할 수 있는 근거가 되기 때문입니다. 이렇게 교회가 하는 일들을 알아야 하는 이유는 가짜가 너무 많아 많은 사람들에게 혼란을 주고 피해를 주기 때문입니다. 교회 행세를 하는 이단과 사이비를 구별하고 알아보기 위해서는 교회가 하는 일이 무엇인지 분명하게 알아야 할 필요가 있습니다. 시대를 초월하여 언제나 가짜는 있어왔고, 가짜가 진짜로 행세하는 경우가 많았습니다. 그러므로 그리스도인은 참된 교회와 거짓 교회를 구별할 수 있는 기준을 가져야 합니다. 분별할 수 있는 안목을 가져야 합니다. 그 기준은 이렇습니다.

1) 올바른 말씀선포

교회다운 교회라면 올바른 진리의 말씀을 선포하는 것이 지극히 당연합니다. 이것은 진짜 교회인지 가짜 교회인지 확인할 수 있는 가장 분명한 판단 기준이 됩니다. 참된 교회는 올바른 하나님의 말씀 선포를 최우선적으로 여깁니다. 가장 결정적이면서도 가장 중요한 과제로 생각합니다. 이것은 그리스도인들이 하나님의 말씀을 통해 견고한 신앙생활을 감당하기 때문입니다. 따라서 교회에서 선포되는 올바른 말씀 선포는 반드시 필요한 필수 조건입니다.

만일 하나님의 말씀이 교회에서 올바르게 선포되지 않는다면 신앙생활도, 그리스도인도, 믿음도 기대하기 어렵습니다. 그러므로 교회는 하나님의 말씀으로 시작하고 하나님의 말씀으로 활동하고 하나님의 말씀으로 세워져가는 곳입니다. 따라서 그리스도인은 오직 진리의 말씀으로 충만하고, 진리의 말씀으로 빛이 나고, 진리의 말씀으로 무장해야 할 사람들입니다. 교회는 올바른 진리의 말씀이 순전함으로 열심히 선포되어야 하는 곳입니다.

"우리는 수많은 사람들처럼 하나님의 말씀을 혼잡하게 하지 아니하고 곧 순전함으로 하나님께 받은 것 같이 하나님 앞에서와 그리스도 안에서 말하노라"(고후2:17)
"알렉산드리아에서 난 아볼로라 하는 유대인이 에베소에 이르니 이 사람은 언변이 좋고 성경에 능통한 자라 그가 일찍이 주의 도를 배워 열심으로 예수에 관한 것을 자세히 말하며 가르치나…"(행18:24~25)

2) 거룩한 의식 거행

교회에는 거룩한 의식 두 가지가 있습니다. 하나는 침례이고, 또 하나는 주의 만찬입니다. 그리스도인들은 이 두 가지를 통해 귀하게 세워집니다. 신앙생활이 더욱더 견고해집니다. 구원받은 엄청난 사건에 대해 무한히 기뻐하고 감사하게 됩니다. 하나님의 놀라운 은혜에 마음 깊이 전율하고 영광을 돌리게 됩니다. 거룩한 의식 두 가지입니다.

① 침례
침례는 죄 용서를 의미합니다(행2:38). 그리고 예수 그리스도와 연합을 의미합니다(갈3:26~27). 또한 옛 사람은 죽고 새 사람으로의 부활을 의미합니다(롬6:3~5). 침례는 자신을 인식하고 자신을 감당할 수 있는 정도의 나이와 수준 그리고 입술로 예수님을 구주와 주님으로 고백한 사람은 누구나 받을 수 있습니다. 침례는 구원의 필수조건은 아닙니다. 침례는 물에 잠기고 물에서 올라오는 성부와 성자와 성령으로 거행됩니다.

② 주의 만찬
주의 만찬은 예수님께서 직접 제정하신 의식입니다(마26:26~28). 또한 기념하라고 직접 말씀하신 의식입니다(고전11:23~29; 눅22:19). 이러한 주의 만찬은 우리의 죄를 사하시기 위해 십자가 위에서 몸이 찢기시고, 처절하게 피 흘리신 예수님의 십자가 사건을 상징적으로 보여주는 것입니다.

떡과 포도주는 주의 만찬을 대표하는 찢기신 몸과 흘리신 피를 의미합니다. 이러한 주의 만찬은 거룩한 의식이므로 예수님의 몸과 피를 상징하는 귀한 의식에 아무나 참여할 수 없습니다. 구원받은 그리스도인만 주의 만찬에 참여할 수 있습니다.

3) 질서를 위한 엄중한 보상과 징계

교회에서의 보상은 다양한 방법으로 이루어지고 있습니다. 칭찬하고, 격려하며, 선물하고, 기념하며, 명예를 드높여 주고, 합당한 예우로 직분을 높여 주는 등의 보상을 말입니다. 교회 일꾼들을 향한 헌신과 희생을 알아주고 기억하며 보상하는 것은 아름다운 일이 아닐 수 없습니다. 마땅히 이렇게 해야 하고 교회의 건강성을 유지하기 위한 합당한 조치라고 여겨집니다. 교회에 다양하고도 아름다운 보상이 많아졌으면 하는 마음입니다. 아름다운 흔적과 결실이 아름다운 보상으로 이어져 교회가 더욱더 윤택하고 은혜가 넘쳐야 합니다. 응원하고 알아주며 보상하는 교회 문화는 건전하고 유익한 방편으로 행해져야 합니다.

문제는 교회에서의 징계입니다. 징계는 조심스럽고 부담스러운 일입니다. 교회의 지체를 징계한다는 것은 그만큼 고통스러운 일이기 때문입니다. 그럼에도 불구하고 징계를 살펴보아야 합니다. 오늘날의 교회는 시대적으로 징계를 대수롭지 않게 여깁니다. 너무나 소홀하게 취급하고, 심각하게 무시하며, 관심 밖의 일로 밀려나 있습니다. 오늘날 교회가 왜 그렇게 교회답지 못하는지, 왜 사람들에게 영향력을 발휘하지 못하는지, 왜 세상 문화에 끌려다니고 사람들로부터 우습게 보이는지, 왜 아슬아슬하게 위험해 보이는지 등의 이유는 교회가 올바르게 징계하는 데 있어서 실패했기 때문입니다. 징계는 성경에 다양한 형태로 분명하게 증거 되고 있는 것을 볼 때 성경은 결코 징계에 대해 소홀하지 않았음을 알 수 있습니다(마18:15; 롬16:17; 고전5:1~2, 13; 딛3:10; 요이1:9~10; 요삼1:9~11). 교회를 교회답게 하고 교회의 질서와 다툼을 방지하며 교회의 건강한 권위를 유지하고 그리스도인들의 믿음을 온전하게 하기 위해서는 징계가 필요합니다(마 18:15~17; 고전5:11, 13; 살후3:14; 딤전5:20; 딛1:13).

오늘날에는 많은 교회가 다양한 모습으로 많은 사람들에게 존재감을 보여줍니다. 물론 여기에는 참된 교회와 거짓 교회가 함께 공존하고 있습니다. 이렇게 많은 교회 가운데 진짜 교회와 가짜 교회를 분별하기란 결코 쉽지 않습니다. 그러나 분명한 것은 그리스도인은 교회다운 교회를 다녀야 하고 교회다운 교회에서 충성스러운 일꾼으로 쓰임 받아야 한다는 것입니다. 왜냐하면 교회는 그리스도인의 삶과 죽음과 불행과 행복에 지대한 영향을 끼치기 때문입니다. 현대 교회에서 하나님의 말씀이 온전하게 선포되어 건강하고 균형 잡힌 교회로 쓰임 받는 일들이 많았으면 합니다. 무엇보다 가장 우선적으로 교회가 할 일은 하나님의 올바른 말씀 선포임을 잊어서는 안되겠습니다.

"그러므로 한 사람으로 말미암아
죄가 세상에 들어오고 죄로 말미암아
사망이 들어왔나니 이와 같이
모든 사람이 죄를 지었으므로
사망이 모든 사람에게 이르렀느니라"

– 롬5:12

14장 · 죽음

어느 교회에서 예배당 건축을 앞두고 한 장로님이 돌아가셨습니다. 그는 부자였으나 평판은 좋지 않은 사업가였습니다. 장례식 전날 밤 동생이 담임 목사님을 찾아왔습니다.

"목사님, 내일 아침 장례식 때 조문객 앞에서 '고인이 되신 장로는 성 자였다'고 한 말씀만 해 주세요. 그러면 예배당 건축비의 절반을 내겠 습니다."

목사님은 그러겠다고 약속했습니다. 이튿날 수많은 조문객이 모인 가운 데 목사님은 설교를 시작했습니다.

"돌아가신 장로님은 사업을 한답시고 주일 범하기를 밥 먹듯 했고, 교인 들에게 본이 되지 못했으며, 담임목사의 마음을 수시로 아프게 했습니 다. 그리고 가난하고 힘없는 사람들을 많이 울렸습니다."

목사님은 일그러진 동생의 얼굴을 힐끗 쳐다본 후 말을 이어갔습니다.

"그런데 장로님은 동생에 비하면 성자였습니다."

미국의 한 대통령은 평소 한 가지 소원을 갖고 있었습니다. 사후에 자신의 시신을 땅에 묻고 돌아가는 사람들에게 이런 말을 듣고 싶었다고 합니다.

"이 사람은 잡초를 뽑고 꽃을 심다 떠난 사람이다."

전 유엔 사무총장 하마슐트는 이런 말을 했습니다.

"태어날 때 그대는 울고 모두가 웃었지만, 떠날 땐 그대는 웃고 주위에 있는 모든 사람들이 우는 사람이 돼라."

죽음은 성경적 기준으로 보면 대단히 중요한 영역이고, 관심의 대상이며, 궁금한 영역입니다. 하나님에 대한 믿음이 없는 대부분의 사람들은 죽음으로 모든 것이 끝난다고 생각합니다. 죽음 이후의 삶은 없으며 오로지 이 세상의 삶만 있을 뿐이라고 주장합니다. 분명한 사실은 누구든지 언젠가 때가 되면 인간은 모든 것을 내려놓고 죽는다는 것입니다. 그러기에 죽음은 인생살이에 있어 공포스러운 것일지도 모릅니다. 절망스러운 것일지도 모릅니다. 이러한 죽음에 대해 살펴보아야 할 것은 무엇일까요?

죽음이란 무엇입니까?

죽음에 대해 의학적 입장, 철학적 견해, 사회적 통념 등에 따라 다양하게 정의할 수 있을 것입니다. 그런데 이들 대부분의 공통된 개념은 단순합니다. 죽음은 모든 것의 끝이며 소멸이라는 것입니다. 하지만 죽음은 모든 것의 끝도 아니며 소멸이 아닙니다. 성경은 죽음을 영혼과 육체의 분리로 보며, 육체는 창조될 때 흙으로 창조되었으니 흙으로 돌아가는 것입니다. 영혼은 하나님께서 주셨으니 하나님께로 돌아가는 것입니다(창2:7; 전3:20~21, 12:7). 성경에서 말하는 죽음의 형태를 보면 세 가지 모습으로 나누어 볼 수 있습니다. 먼저 육체적 죽음입니다(마10:28; 눅12:4~5). 육체의 수명이 다해 육체와 영혼이 분리되는 것을 말합니다. 다음으로 영적 죽음입니다(엡2:1). 죄를 지음으로 하나님과 분리되는 것을 말합니다. 하나님을 전혀 모르는 상태를 말합니다. 마지막으로 영원한 죽음 즉, 둘째 사망입니다(계20:6, 14, 21:8). 죄를 지은 인간이 하나님의 영원한 형벌을 받는 것을 말합니다.

누가복음 16:9~31에 등장하는 부자와 거지 나사로에 대한 주님의 가르침을 보면 부자도 죽고 거지 나사로도 결국 때가 되어 죽습니다. 부자도 거지 나사로도 육체는 이 세상에 남겨 두지만 그들의 영혼은 각각 다른 영역에 존재합니다. 육체와 영혼이 분리되었음을 확인할 수 있습니다. 그럼에도 불구하고 부자는 여전히 활동하고 있습니다. 의식이 있습니다. 보고 있습니다. 생각이 있습니다. 근심합니다. 이런 광경을 보면서 죽음이 그것으로 끝이 아님을 새삼 강하게 발견합니다. 이렇게 인간이 죽음을 맞이할 수밖에 없다면 그 이유는 무엇이겠습니까? 한 마디로 하나님의 말씀에 대해 무관심, 무감각, 무시 등이 낳은 처참한 결과이자 형벌입니다. 하나님의 진노이자 하나님의 저주입니다.

"그러므로 한 사람으로 말미암아 죄가 세상에 들어오고 죄로 말미암아 사망이 들어왔나니"(롬5:12)

죽음으로 보는 불신자와 그리스도인의 처지

1) 불신자

구원받지 못한 불신자는 죽음 앞에서 절망합니다. 공포에 사로잡힙니다. 불신자에게 있어 죽음은 그만큼 혼란스럽고 처절할 만큼 고통스럽습니다. 이러한 죽음은 불신자에게 그야말로 엄청난 형벌의 시작일 뿐입니다. 죽음은 결국 영원한 심판을 받는 계기가 되고 지옥에서 영원한 고통 가운데 있도록 역할을 감당합니다.

"그가 음부에서 고통중에 눈을 들어 멀리 아브라함과 그의 품에 있는 나사로를 보고 불러 이르되 아버지 아브라함이여 나를 긍휼히 여기사 나사로를 보내어 그 손가락 끝에 물을 찍어 내 혀를 서늘하게 하소서 내가 이 불꽃 가운데서 괴로워 하나이다"(눅16:23~24)
"거룩한 천사들 앞과 어린 양 앞에서 불과 유황으로 고난을 받으리라"(계14:10)

그러므로 불신자에게 있어서 죽음은 절망 그 자체이자 공포 그 자체이며 깊은 절망 그 자체입니다. 죽음은 더 이상 기회가 없는, 기회가 영원히 사라지는 순간입니다. 돌이킬 수 없는 크나큰 불행의 시간입니다. 너무나 큰 슬픔이자 처절하리만큼 가슴 아픈 고통의 현장입니다.

2) 그리스도인

세상에 태어나 구원받은 것은 전적으로 하나님의 은혜입니다. 하나님의 은혜를 무엇으로 표현해야 할지 너무나 어려운 일이지만 감히 생각해 보면 전적인 하나님의 선택에 의한 특별한 하나님의 긍휼하심입니다. 그렇기에 모든 사람들에게 동일하게 주어진 생명과 삶임에도 불구하고 그리스도인은 살아있을 때 회개하고 믿음으로 구원받아 예수 그리스도와 연합한 존재가 되었습니다. 따라서 예수 그리스도의 십자가 사건의 처절한 피 흘림으로 말미암아 형벌을 면제받음과 함께 죽음을 통해 영생의 복을 온전하게 누리게 되었습니다.

"그러므로 이제 그리스도 예수 안에 있는 자에게는 결코 정죄함이 없나니"(롬8:1)
"이는 죄가 사망 안에서 왕 노릇한 것같이 은혜도 또한 의로 말미암아 왕 노릇하여 우리 주 예수 그리스도로 말미암아 영생에 이르게 하려 함이라"(롬5:21)

그러므로 그리스도인에게 있어서 죽음은 영원한 행복으로 들어가는 관문입니다. 범죄의 무거움을 완전히 벗어버리고 구원의 복(영생)을 온전히 누리기 시작하는 전환점입니다. 영원한 생명과 천국의 기쁨과 감격을 확보하는 계기의 순간입니다. 한마디로 하나님이 주시는 최고의 은혜의 시간입니다.

죽음을 통해 배우는 가르침

1) 사람은 언젠가 죽을 수밖에 없는 존재라는 것을 항상 깨닫고 겸손하게 살아야 합니다.

자기 자신은 언제나 건강하고 영원히 죽지 않을 것처럼 살지만 언젠가 때가 되면 죽을 수밖에 없는 연약한 존재임을 늘 염두에 두고 살아가는 것이 필요합니다. 우리의 육체가 풀과 같고 들의 꽃과 같다고 성경은 말합니다(시103:15; 사40:6~7). 이런 현실을 바로 알아 지극히 겸손하게 살아야 합니다.

2) 죽음은 범죄의 결과라는 것을 심각하게 알아야 합니다.

하나님을 향한 불순종에 대한 대가는 충격적이게도 죽음이었습니다. 이러한 아담의 범죄가 인류 역사에 지속적으로 이어지고 있고 점점 더 확대되고 재생산되는 암울한 세상살이가 되었습니다. 세상에 태어나 늙고 병들고 결국 죽음을 맞이해야 하는 현실이 범죄에 있었다는 것에 가슴 아플 뿐입니다(겔18:20; 롬5:12).

3) 생명이 얼마나 소중한 것인지 마음 깊이 깨달아야 합니다.

생명은 단 하나뿐이기도 하지만 생명을 대신할 수 있는 것은 세상에 그 어떤 것도 없기 때문입니다. 내 생명을 팔수도 없고 다시 살 수도 없기에 단 하나의 생명을 귀하고 소중하게 여기는 것은 당연한 것입니다. 마찬가지로 다른 사람의 생명도 자기 자신의 생명만큼 귀하고 소중한 것은 똑같다는 사실입니다. 죽음을 통해 생명이 얼마나 빛나고 보배로운 것인지 깨달아야 합니다(마16:26).

4) 어느 날 갑자기 죽음이 다가와도 후회하지 않을만한 삶을 살아야 합니다.

명심해야 할 것은 죽음은 소리 소문 없이 갑자기 찾아옵니다. 순서도 없고 경고도 없습니다. 물론 병이라는 징조와 아픔이라는 고통이 있을 수 있지만 죽음은 한 순간입니다. 사람의 삶은 무한한 삶이 아니라 유한한 삶이기에 언제 어느 때든 죽을 수 있기에 한번 주어진 삶에 후회가 없도록 귀한 삶을 살아야 합니다. 믿음으로 구원받은 것에 대한 감격과 감동이 가슴 깊이 있다면 가능한 일입니다(빌1:20~21).

5) 죽고 난 이후를 생각하며 철저히 준비하는 삶을 살아야 합니다.

'죽음 이후의 삶은 없다'라는 사고방식이 삶을 너무 쉽게, 너무 가볍게 합니다. 무지하여 두려움도 무서움도 없게 합니다. 그러나 죽음 이후의 삶을 생각하는 사람들은 오늘의 삶을 귀하게 여깁니다. 그리고 준비하며 살아갑니다. 그러므로 살아 있는 동안 믿음으로 구원받는 것이 얼마나 중요한지 잘 압니다. 살아 있을 때 영원히 사느냐 영원히 죽느냐가 결정되기 때문입니다. 살아 있을 때 죽음 이후의 삶을 철저히 준비해야 합니다(눅23:42).

구원받은 그리스도인은 죽음에 대해 절망하거나 좌절하지 말아야 합니다. 또한 죽음에 대해 두려워하지 말아야 합니다. 그리고 지나치게 슬퍼하지 말아야 합니다. 장차 있을 부활과 영원한 생명과 천국 시민으로서 영광된 삶에 대한 소망이 있기 때문입니다. 구원받은 그리스도인은 이러한 죽음 이후의 삶을 기대하며 이 땅 위에서의 삶을 매 순간마다 성실하게 살아야 합니다. 이것은 그리스도인으로서 지극히 마땅한 일입니다. 한번 뿐인 인생임을 알아 하나님이 주신 재능과 기회를 마음껏 발휘해야 하는 것입니다. 그러므로 그리스도인은 죽음을 생각하며 신앙 성숙의 계기로 삼고, 죽음에 대해 담대한 마음을 가져야 하는 것은 지극히 합당한 일입니다. 죽음은 결코 모든 것이 끝나는 마지막이 아니라 영원한 생명과 영원한 벌이 있음을 알아야 합니다.

과거 트라피스트 수도회의 수사들은 서로가 만나 라틴어인 메멘토 모리(Memento mori) "죽음을 기억하시오"라는 인사를 했다고 합니다. 이를 좋게 여긴 로마의 한 황제도 신하들이 자신을 알현할 때마다 "죽음을 기억하시오"라고 인사를 하게 함으로써 죽음의 실존인 자기 인생을 상기했다고 합니다. 그리스도인은 죽음에 대해 불신자들과는 다르게 생각하고 다르게 접근해야 합니다.

"사망아 너의 승리가 어디 있느냐 사망아 네가 쏘는 것이 어디 있느냐 사망이 쏘는 것은 죄요 죄의 권능은 율법이라 우리 주 예수 그리스도로 말미암아 우리에게 승리를 주시는 하나님께 감사하노니"(고전15:55~57)

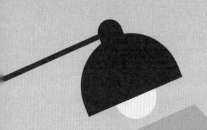

"이를 놀랍게 여기지 말라 무덤 속에 있는 자가
다 그의 음성을 들을 때가 오나니
선한 일을 행한 자는 생명의 부활로,
악한 일을 행한 자는 심판의 부활로 나오리라"

- 요 5:28~29

15장 · 부활

미국 어느 묘지에 이런 문구가 써 있다고 합니다.

"부지런한 내 딸 여기에 잠들다.
부활의 때에도 제일 먼저 일어날 것이다."

이런 문구도 있다고 합니다.

"사랑하는 내 아내 여기에 잠들다.
제발 아내를 깨우지 말아다오."

그렇습니다. 우리는 누구나 죽음을 맞이합니다. 오지 선교사라 불리는 찰스 토마스 스터드(C. T. Studd, 1860~1931)는 이렇게 말합니다.

"오직 한 번뿐인 인생 속히 지나가리라.
오직 그리스도를 위한 일만이 영원하리라"

영국의 시인 로버트 브라우닝(Robert Brown, 1812~1889)이 인생의 어려움을 만나 방황할 때의 일입니다. 당시 그는 로마 교외의 한 빈민촌에 머물며 아침마다 출근길에 나서는 사람들을 바라보곤 했습니다. 모두 다 피곤한 얼굴, 잿빛의 표정이었습니다. 그런데 한 소녀만은 일터로 나가며 즐겁게 노래를 부르는 것이 아니겠습니까. 그 희망찬 모습에 감동한 브라우닝은 '피파의 노래(Pippa's Song)'라는 유명한 시를 지어 사람들에게 그 희망을 나누고자 했습니다.

> "한 해는 봄으로 시작한다/ 하루는 아침으로부터/ 아침은 7시로부터/ 언덕의 이슬은 진주처럼 빛나고…/ 주님은 살아계시니/ 오늘도 모든 일은 잘 되리라"

만일 여러분에게도 힘든 일이 있다면, 어려운 일이 있다면 이렇게 노래해보면 어떻겠습니까?

> "부활의 주님은 살아계시니 오늘도 모든 일이 잘 될 것입니다."

부활이라는 말씀은 그리스도인들에게는 상상을 초월하는 놀라운 말씀입니다. 하지만 믿음이 없는 불신자들에는 두려움이 동반되는 무서운 말씀입니다. 예수님 당시에도 많은 사람이 부활이 없다고 말했습니다(마22:23; 행23:8; 딤후2:17~18). 심지어 예수님의 제자들도 부활을 온전하게 믿지 못했습니다(마16:21~28, 17:22~23, 28:16~17). 사도 바울은 이렇게 말씀합니다.

> "형제들아 자는 자들에 관하여는 너희가 알지 못함을 우리가 원하지 아니하노니 이

는 소망 없는 다른 이와 같이 슬퍼하지 않게 하려 함이라 우리가 예수께서 죽으셨
다가 다시 살아나심을 믿을진대 이와 같이 예수 안에서 자는 자들도 하나님이 그
와 함께 데리고 오시리라 … 그러므로 이러한 말로 서로 위로하라"(살전4:13~18)

예수님이 다시 살아나셨음을 믿는다면, 그리스도인들이 다시 살아난다
는 것을 믿는다면 그리스도인들은 서로서로 위로해야 합니다. 부활이라는
놀라운 사건을 기대하며 서로서로 격려해야 합니다. 신앙생활이 힘들고 어
려워도 부활신앙으로 극복하고 이겨내야 합니다. 이러한 부활에 대해 알아
야 할 것은 무엇입니까?

부활이란 무엇입니까?

부활은 죽었다가 살아나는 것을 말합니다(고전15:3~4). 보통 죽었다고
하면 그것으로 끝입니다. 희망이 없습니다. 아무런 가능성이 없는 것이 죽
음입니다. 그런데 성경은 죽었어도 다시 살아난다고 말합니다. 성경의 생
생한 증언들을 통해 이를 증명합니다. 한 마디로 부활은 '몸의 부활' '육체
의 부활'을 의미합니다. 죽기 전의 육체와 동일한 모습으로 부활하게 된다
는 말씀입니다. 많은 사람들이 육체의 부활을 믿지 않습니다. 어느 종교도
부활을 말하지 않습니다. 믿는다고 하는 사람들 중에도 부활을 의심하고 부
활에 대해 무관심한 사람들이 있습니다. 그럼에도 불구하고 부활은 있습니
다. 믿음의 선배들이 수많은 세월을 통해 부활을 믿었으며, 지금 이 시대에
도 부활을 믿고 소망 가운데 살아가는 사람들이 많이 있습니다.

마태는 예수님이 십자가에서 돌아가실 때의 상황을 묘사하면서 이렇게 말합니다.

"무덤들이 열리며 자던 성도의 몸이 많이 일어나되 예수의 부활 후에 그들이 무덤에서 나와서 거룩한 성에 들어가 많은 사람에게 보이니라"(마27:52~53)

누가는 예수님의 부활을 이렇게 설명합니다.

"예수께서 이르시되 어찌하여 두려워하며 어찌하여 마음에 의심이 일어나느냐 내 손과 발을 보고 나인 줄 알라 또 나를 만져 보라 영은 살과 뼈가 없으되 너희 보는 바와 같이 나는 있느니라"(눅24:38~39)

요한은 예수님께서 부활하신 이후 도마에게 나타나셨던 모습을 이렇게 증언합니다.

"도마에게 이르시되 네 손가락을 이리 내밀어 내 손을 보고 네 손을 내밀어 내 옆구리에 넣어 보라 그리하여 믿음 없는 자가 되지 말고 믿는 자가 되라 도마가 대답하여 이르되 나의 주님이시요 나의 하나님이시니이다 예수께서 이르시되 너는 나를 본 고로 믿느냐 보지 못하고 믿는 자들은 복되도다 하시니라"(요20:27~29)

부활의 대상은 누구이고 부활은 왜 발생하는 것입니까?

사람이 사람으로 태어났다면 사람답게 살아야 합니다. 사람답게 사는 것이 물론 대단히 어려운 것은 사실이지만 그래도 할 수만 있으면 사람답게 살아야 합니다. 여기에서 좀 더 나아가 구원받은 믿음의 사람으로 살아야 합니다. 아무리 사람답게 살아도 구원받지 못했다면 그 사람은 지극히 불쌍하고 불행한 사람일 뿐입니다. 세상에서 성공하고 대단한 권력을 소유하며 명성이 온 누리에 자자하다 할지라도 구원받지 못했다면 그 사람은 안타깝게도 허망한 사람에 불과할 뿐입니다. 왜냐하면 그리스도인은 생명의 부활과 심판의 부활을 믿기 때문입니다(요5:28~29).

죽음 이후 때가 되면 구원받은 그리스도인도 부활합니다. 마찬가지로 구원받지 못한 사람도 부활합니다. 모두 다 부활합니다. 그런데 그리스도인은 생명의 부활로, 그리스도인이 아닌 사람은 심판의 부활로 다시 살아납니다. 섬뜩한 말씀입니다. 정신이 번쩍 들게 하는 말씀입니다. 그리스도인들에게는 너무나 반갑고 소중한 말씀이지만 그리스도인이 아닌 사람들에게는 소름 끼칠 정도의 충격적이면서 아찔한 말씀입니다. 그러므로 구원받은 그리스도인이라면 하늘을 우러러 무한히 감사하고 또 감사하고, 구원받지 못한 사람이 주위에 있다면 안타깝게 여기고 또 안타깝게 여겨야 할 일입니다.

"그들이 기다리는 바 하나님께 향한 소망을 나도 가졌으니 곧 의인과 악인의 부활이 있으리라 함이니이다"(행24:15)

이러한 의인의 부활과 악인의 부활은 무엇 때문에 왜 발생하는 것일까요? 그 목적은 무엇일까요? 몹시 당황스럽고 이해하기 어려운 일이지만 분명하게 성경은 말씀합니다. 이러한 말씀이 그리스도인들에게는 희열과 감격을, 그리스도인이 아닌 사람들에는 좌절과 공포를 성경은 선언합니다. 또한 명확하게 구분된다는 사실 앞에 충격적이기도 합니다. 핵심적으로 보면 믿음으로 구원받은 의인은 영원한 복인 영원한 생명을 주기 위해서입니다. 하지만 믿음으로 구원받지 못한 악인은 영원한 벌인 심판을 하기 위해서입니다.

> "그들은 영벌에, 의인들은 영생에 들어가리라 하시니라"(마25:46)
> "또 내가 보니 죽은 자들이 큰 자나 작은 자나 그 보좌 앞에 서 있는데 책들이 펴 있고 또 다른 책이 펴졌으니 곧 생명책이라 죽은 자들이 자기 행위를 따라 책들에 기록된 대로 심판을 받으니 … 각 사람이 자기의 행위대로 심판을 받고"(계20:12~13)

성경은 부활을 어떻게 소개하고 있습니까?

부활에 대해 성경은 어떻게 말씀하고 증거 하는지 구약과 신약을 통해 알아야 합니다. 단순하게 생각하면 부활은 신약에서만 말씀하는 것 같아도 구약에서도 분명하게 말씀하고 있다는 사실입니다. 구약의 정확한 흐름이 신약에 와서 정확하게 성취되었다고 보면 됩니다. 오랜 세월의 간극이 있었음에도 불구하고 온전하게 완성되고 성취되었다는 것에 감격할 따름입니다. 구약에 보면 아브라함이 이삭을 제물로 바치는 사건(창22:1~10)을 히브리서 저자는 부활 사건으로 소개합니다.

> "그가 하나님이 능히 이삭을 죽은 자 가운데서 다시 살리실 줄로 생각한지라"(히11:19)

아브라함은 믿음으로 이삭이 죽었다가 살아날 줄을 확신했습니다. 대단한 믿음이 아닐 수 없습니다. 믿음의 조상이라는 엄청난 별명을 받을만한 엄청난 믿음이 아닐 수 없습니다. 모세도 하나님을 소개하며 이런 말씀을 합니다.

"나는 죽이기도 하며 살리기도 하며"(신32:39)

모세는 하나님이 어떤 분이신지 말씀하면서 부활을 언급합니다. 한편 이사야, 에스겔, 다니엘 선지자도 부활을 증거 합니다.

"주의 죽은 자들은 살아나고 그들의 시체들은 일어나리이다"(사26:19)
"내 백성들아 내가 너희 무덤을 열고 너희로 거기에서 나오게 한즉 너희는 내가 여호와인 줄을 알리라"(겔37:13)
"땅의 티끌 가운데에서 자는 자 중에서 많은 사람이 깨어나 영생을 받는 자도 있겠고 수치를 당하여서 영원히 부끄러움을 당할 자도 있을 것이며"(단12:2)

신약에 보면 예수님은 죽은 자를 여러 번 살리십니다(마9:23~25; 눅7:11~17; 요11:43~44). 또한 죽은 자가 살아나는 부활을 계속해서 강조하십니다(마22:23~33; 눅14:12~14; 요5:28~29, 6:39~40, 44, 54). 사도 베드로와 사도 바울도 예수님처럼 죽은 자를 살리는 능력을 보여줍니다(행9:40~41, 20:7~12). 그리고 부활에 대해 증거합니다(행17:18, 31; 고전15:12~19; 롬8:11; 빌3:21; 살전4:16). 사도 요한도 진지한 마음으로 부활에 대해 분명하면서도 단호하게 언급합니다. 요한복음을 통해 부활을 언급하고 요한계시록을 통해 부활을 엄중하게 말씀합니다.

"또 내가 보니 예수를 증언함과 하나님의 말씀 때문에 목 베임을 당한 자들의 영혼들과 또 짐승과 그의 우상에게 경배하지 아니하고 그들의 이마와 손에 그의 표를 받지 아니한 자들이 살아서 … 이는 첫째 부활이라 이 첫째 부활에 참여하는 자들은 복이 있고 거룩하도다"(계20:4~6)

육체가 다시 살아나는 부활은 쉽게 일어나는 일이 아니기에 믿기가 어렵습니다. 누구나 경험하는 일상적인 사건이 아니기에 이 또한 믿기가 쉽지 않습니다. 마음만 먹으면 감당할 수 있는 문제가 아니기에 믿지 못하는 경우가 허다합니다. 경험하지도 못했을 뿐만 아니라 먼 미래에 일어날 엄청난 사건이기에 부활을 부인하고 의심하는 것은 당연하다고 할 수 있습니다. 그럼에도 불구하고 부활은 구원받은 그리스도인들에게는 큰 소망이자 가슴 설레게 하는 대사건이며, 놀라운 기쁨이자 한없는 영광입니다. 대다수가 부활을 믿지 않는다 할지라도 선택된 그리스도인은 끝까지 부활신앙을 붙잡아야 합니다. 시대적으로 부활신앙을 거부하고 믿지 않는 사람들이 많을지라도 특별하게 구별된 그리스도인들은 부활신앙에 대한 자부심과 함께 희망 있음을 보여줘야 합니다. 이것이 그리스도인이 믿음으로 보여주어야 할 사명입니다.

"그 날 환난 후에 즉시 해가 어두워지며
달이 빛을 내지 아니하며 별들이 하늘에서 떨어지며
하늘의 권능들이 흔들리리라 그 때에 인자의 징조가
하늘에서 보이겠고 그 때에 땅의 모든 족속들이 통곡하며
그들이 인자가 구름을 타고 능력과 큰 영광으로
오는 것을 보리라 그가 큰 나팔소리와 함께
천사들을 보내리니 그들이 그의 택하신 자들을
하늘 이 끝에서 저 끝까지 사방에서 모으리라"

- 마24:29~31

16장 • 예수님의 재림

성경을 보면 예수님의 초림에 대한 예언의 기록이 구약성경에 456회 정도 나타납니다. 이 초림은 모두 다 일점일획의 착오 없이 성취되었습니다. 아주 구체적으로 이루어졌습니다. 온전하고도 완벽하게 완성되었습니다. 한편, 예수님의 재림에 대한 예언의 기록은 신약성경에 318회 등장합니다. 그러므로 구원받은 그리스도인들은 예수님이 이 땅 위에 오실 것(초림)을 예언했던 구약성경처럼 예수님이 다시 이 땅 위에 오실 것(재림)을 확신합니다. 왜냐하면 성령의 감동으로 기록된 심오한 진리의 말씀인 성경에는 그 어떤 오류도 없음을 확신하기 때문입니다(딤후3:16). 천지가 없어진다 할지라도 성경말씀은 일점일획도 없어지지 않고 다 성취될 것을 분명하게 믿기 때문입니다(마5:18). 구원받은 그리스도인은 독특하게도 다시 오실 예수님을 학수고대하는 믿음의 사람들입니다. 요한계시록에는 이와 같은 간절함이 그대로 나타납니다.

"이것들을 증언하신 이가 이르시되 내가 진실로 진실로 속히 오리라 하시거늘 아멘 주 예수여 오시옵소서"(계22:20)

간절하게 열망하며 예수님이 이 땅 위에 다시 오시기를 기다리는 사람들이 그리스도인입니다. 세상이라는 현실 속에서 살아가면서도 예수님을 맞이할 준비를 항상 하는 사람들이 그리스도인입니다. 예수님이 언젠가 이 땅 위에 다시 오신다는 영적 감각으로 충만한 사람들이 그리스도인입니다. 이러한 예수님의 재림에 대해 진지하게 알아야 할 것은 무엇일까요?

예수님의 재림이란 무엇입니까?

예수님은 이 천년 전에 이 세상에 오셨습니다. 그래서 그리스도인들은 예수님의 탄생을 기념하기 위해 성탄절을 귀하게 여깁니다. 매년마다 12월 25일을 지키고 예배하는 것은 예수님이 이 땅 위에 오신 것을 감사하고 경배하기 위함입니다. 이것을 예수님이 처음 오셨다고 해서 초림이라고 말합니다. 이렇게 인간의 몸으로 오신 예수님께서 인간을 위해 하신 일들을 살펴보면, 인간의 구원을 위해 사역하셨습니다. 핍박과 고통을 받으셨습니다. 결국 십자가에 매달려 처참하게 죽으셨습니다. 그리고 부활하시고 승천하셨습니다. 그런데 예수님은 의미심장한 말을 남기십니다. 선택한 사람들의 구원을 최종적으로 완성하기 위해 마지막 날에 다시 이 땅 위에 오시겠다고 말씀하십니다. 이것을 재림이라고 말합니다(마24:30; 계22:20).

"올라가실 때에 제자들이 자세히 하늘을 쳐다보고 있는데 흰 옷 입은 두 사람이 그들 곁에 서서 이르되 갈릴리 사람들아 어찌하여 서서 하늘을 쳐다보느냐 너희 가운데서 올려지신 이 예수는 하늘로 가심을 본 그대로 오시리라 하였느니라"(행1:10~11) "보라 내가 도둑 같이 오리니 누구든지 깨어 자기 옷을 지켜 벌거벗고 다니지 아니하며 자기의 부끄러움을 보이지 아니하는 자는 복이 있도다"(계16:15)

예수님의 재림은 부활하시고 승천하신 그대로 다시 오시는 것을 말합니다. 하늘로 올라가신 그 모습 그대로 다시 오시는 것을 말합니다. 어느 날 갑자기 생각하지 않고 있을 때 다시 오시는 것을 말합니다. 영광스러운 모습으로 다시 오시는 것을 말합니다.

성경은 예수님의 재림에 대해 어떻게 말씀하고 있습니까?

1) 예수님께서 직접 말씀하셨습니다.

분명하면서 단호하게 다시 오시겠다고 말씀하십니다. 이것보다 더 중요한 말씀은 없습니다.

"그러므로 깨어 있으라 어느 날에 너희 주가 임할는지 너희가 알지 못함이니라 이러므로 너희도 준비하고 있으라 생각하지 않을 때에 인자가 오리라"(마24:42, 44)
"인자가 자기 영광으로 모든 천사와 함께 올 때에 자기 영광의 보좌에 앉으리니(마25:31)
"가서 너희를 위하여 거처를 예비하면 내가 다시 와서 너희를 내게로 영접하여 나 있는 곳에 너희도 있게 하리라 내가 갔다가 너희에게로 온다 하는 말을 너희가 들었나니"(요14:3, 28)

2) 사도들이 말씀합니다.

사도들은 예수님의 재림을 강력하게 증거합니다. 예수님을 따라다니며 직접 배우고 들었던 사실들을 말씀합니다. 그리고 가감 없이 말씀합니다. 예수님의 제자들이었기에 예수님의 재림을 직접적으로 정확하게 언급합니다.

> "그러나 주의 날이 도둑 같이 오리니 그날에는 하늘이 큰 소리로 떠나가고 물질이 뜨거운 불에 풀어지고 땅과 그 중에 있는 모든 일이 드러나리로다"(벧후3:10)
>
> "볼지어다 그가 구름을 타고 오시리라 각 사람의 눈이 그를 보겠고 그를 찌른 자들도 볼 것이요 땅에 있는 모든 족속이 그로 말미암아 애곡하리니 그러하리라 아멘(계1:7)
>
> "우리가 주의 말씀으로 너희에게 이것을 말하노니 주께서 강림하실 때까지 우리 살아 남아 있는 자도 자는 자보다 결코 앞서지 못하리라 주께서 호령과 천사장의 소리와 하나님의 나팔 소리로 친히 하늘로부터 강림하시리니"(살전4:15~16)

3) 예수님의 형제였던 야고보가 말씀합니다.

인간적으로는 형제였기에 도저히 있을 수 없는 일이라고 치부할 수 있는 일이었음에도 불구하고 예수님의 재림을 단호하게 증거합니다.

> "그러므로 형제들아 주께서 강림하시기까지 길이 참으라 보라 농부가 땅에서 나는 귀한 열매를 바라고 길이 참아 이른 비와 늦은 비를 기다리나니 너희도 길이 참고 마음을 굳게 하라 주의 강림이 가까우니라"(약5:7~8)

예수님의 재림의 때를 무엇으로 알 수 있습니까?

무슨 일이든 어떤 문제가 발생하기 전에 징조가 나타납니다. 어느 날 갑자기 무슨 일이 벌어지는 것 같아도 그 이면에는 반드시 짐작할 만한 일이 벌어지기 마련입니다. 환경의 문제든, 물질의 문제든, 사람의 문제든 원인과 이유가 나타나기 마련입니다. 예수님도 자신의 재림을 말씀하시면서 재림의 징조를 분명하게 말씀하십니다(마24:32~33). 재림의 때를 좀 더 구체적으로 알아보겠습니다.

1) 복음이 온 세상에 전파됩니다.

지구촌에는 복음이 무엇인지 모르는 사람들이 무수히 많습니다. 그럼에도 불구하고 선교사님들의 헌신된 희생과 수고와 각 나라 민족 언어로 번역된 성경 보급으로 인해 복음이 굉장히 빠른 속도로 전파되고 있습니다. 이런 현실적인 일들을 볼 때 예수님의 재림이 가까이 왔음을 알 수 있습니다.

"이 천국 복음이 모든 민족에게 증언되기 위하여 온 세상에 전파되리니 그제야 끝이 오리라"(마24:14)

2) 배교자가 많아집니다.

신앙생활을 하고 믿음의 사람이라고 하지만 얕은 신앙, 뿌리가 깊지 못한 신앙, 무감각한 신앙 등으로 인해 신앙생활을 하는 사람들이 어느 한 순간 믿음을 저버리는 현상이 많아지면 이는 예수님의 재림의 때가 가까웠다는 징조입니다(딤후3:1~5). 한국교회에 가나안 성도가 많아지는 것도 단적인 예가 됩니다. 예수님이 재림하실 때가 되면 믿음의 사람이 그리워집니다.

믿음의 사람을 만나는 것이 더욱 더 어려워집니다.

> "그 때에 많은 사람이 실족하게 되어 서로 잡아 주고 서로 미워하겠으며"(마24:10)
> "그러나 인자가 올 때에 세상에서 믿음을 보겠느냐(믿음 있는 사람을 볼 수 있겠느냐) 하시니라"(눅18:8)

3) 엄청난 도덕적 타락이 있게 됩니다.

어느 시대에나 인간의 도덕적 타락은 있었습니다. 워낙 악한 존재가 인간인데 개인주의와 이기주의가 팽배하다 보니 도덕적 타락은 당연한 결과인지도 모릅니다. 그런데 예수님의 재림의 때가 되면 이런 상황이 충격적이게도 더 크게 더 넓게 걷잡을 수 없을 정도로 확산된다는데 있습니다. 그래서 이 시대에 확산되고 있는 중독 사회라는 말이 점점 더 설득력을 얻습니다. 잘못된 중독이 심각하게 도덕적 타락으로 이어집니다.

> "불법이 성하므로 많은 사람의 사랑이 식어지리라"(마24:12)
> "형제가 형제를, 아버지가 자식을 죽는 데에 내어주며 자식들이 부모를 대적하여 죽게 하리라"(막13:12)

4) 이단이나 사이비가 넓게 확산하게 됩니다.

사람들의 불안한 심리를 이용해 근거도 없는 잘못된 신앙을 가르치고 전파하는 사람들을 이단이나 사이비 종교인이라고 말합니다. 그리고 교주라고 말합니다. 예수님의 재림의 때가 되면 이런 사람들이 활개를 치고 문제를 일으킵니다. 그 문제가 사회적으로 심각한 수준에 이르게 됩니다.

> "그러나 성령이 밝히 말씀하시기를 후일에 어떤 사람들이 믿음에서 떠나 미혹하는
> 영과 귀신의 가르침을 따르리라 하셨으니 자기 양심이 화인을 맞아서 외식함으로
> 거짓말하는 자들이라"(딤전4:1~2)
> "그는 대적하는 자라 신이라고 불리는 모든 것과 숭배함을 받는 것에 대항하여 그
> 위에 자기를 높이고 하나님의 성전에 앉아 자기를 하나님이라고 내세우니라"(살후
> 2:4)

5) 거짓 선지자가 많이 일어납니다.

참된 선지자보다 거짓 선지자가 많아지는 현상이 예수님의 때입니다. 참된 선지자와 거짓 선지자를 구별하기 어렵지만 개인주의와 이기주의 그리고 자기중심적인 사람이라면 거짓 선지자가 분명합니다. 이런 사람들이 점점 더 많아지고 있다는 것을 볼 때 예수님의 재림의 때가 성큼 다가오고 있음을 알 수 있습니다.

> "거짓 선지자가 많이 일어나 많은 사람을 미혹하겠으며"(마24:11)
> "거짓 그리스도들과 거짓 선지자들이 일어나 큰 표적과 기사를 보여 할 수만 있으면
> 택하신 자들도 미혹하리라"(마24:24)

6) 대재난과 박해가 일어납니다.

자연적으로는 전쟁, 기근, 지진, 전염병, 기상이변 등이 수시로 일어납니

다. 그래서 많은 사람들이 어려움과 고통을 경험합니다. 인간의 힘으로는 어찌할 수 없는 일이기에 절망합니다. 또한 그리스도인들에게는 말할 수 없는 정도의 고난이 찾아옵니다. 핍박을 사정없이 경험합니다. 위기의 위기를 겪습니다. 이 같은 현상들은 예수님의 재림의 때가 임박했다는 것을 알려주는 신호라고 보면 될 것 같습니다.

> "민족이 민족을, 나라가 나라를 대적하여 일어나겠고 곳곳에 기근과 지진이 있으리니 이 모든 것은 재난의 시작이니라 그 때에 사람들이 너희를 환난에 넘겨 주겠으며 너희를 죽이리니 너희가 내 이름 때문에 모든 민족에게 미움을 받으리라"(마 24:7~9)

예수님의 재림에 귀를 기울여야 하는 것은 여러 가지 의미가 있습니다. 어떤 현상이나 어떤 징조나 어떤 문제에 대한 대책을 세울 수 있는 기회가 되기 때문입니다. 이는 마치 날씨를 미리 전해주는 기상예보와 같습니다. 영화나 드라마를 미리 예고하는 예고편과 같습니다. 질병을 예방하기 위한 건강검진과 같습니다. 이러한 것들을 우습게 여기고 하찮게 여기면 어느 날 갑자기 어려움을 당하듯이 예수님의 재림을 우습게 여기고 가볍게 여기면 이와 같게 됩니다. 토마스 칼라일(Thomas Carlyle, 1795~1881, 스코틀랜드 작가)은 이렇게 말했습니다. "그리스도의 오심은 며칠 또는 몇 세기 지연될지는 모르나 그것은 삶처럼 확실하고 죽음처럼 분명하다." 로버트 챔버스(Robert Chambers, 1802~1871, 영국의 저술가)는 말합니다. "그리스도의 오심은 숨 쉬는 것처럼 자연스러운 것이다."

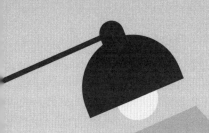

"한번 죽는 것은 사람에게 정해진 것이요
그 후에는 심판이 있으리니"

– 히9:27

17장 · 최후의 심판

　1929년 미국에서 대공황이 몰아칠 때 많은 사업체와 기업들이 도산하고 세계가 극심한 불황에 허덕였습니다. 그런데 한 극장만은 성황을 이뤘습니다. 그 이유는 극장 앞에 크게 내걸린 현수막 때문이었습니다.

　"무료입장"

　할 일 없는 실업자들은 앞을 다투어 몰려갔고 즐겁게 연극을 보았습니다. 연극이 끝난 후 나가려는데 덩치 큰 사내가 출구를 막아서고 돈을 걷고 있었습니다. 사람들은 "무료입장이 아니었냐"며 거칠게 항의했습니다. 그러자 덩치 큰 사내가 말했습니다.

　"물론 무료입장입니다. 그런데 제가 지금 받고 있는 건 퇴장 요금이란 말입니다."

　우리가 이 땅에 올 땐 모두 무료로 입장했습니다. 그러나 퇴장할 땐 무료가 아닙니다. 누구든지 하나님 앞에서 한 번은 반드시 결산을 해야 합니다. 퇴장 요금을 지불해야 합니다. 준비가 되지 않았다고 유보할 수도 없고, 원치 않는다고 피할 수도 없습니다. 언제일지 모르지만 결산할 날, 퇴장할 날은 반드시 다가옵니다(히9:27).

최후의 심판이라는 주제는 어려운 주제입니다. 그리고 그리스도인에게는 결론적인 주제이기도 합니다. 이러한 주제는 그리스도인들의 신앙을 다시금 뒤돌아보게 하고 점검하게 하는 계기를 만들어줍니다. 신앙생활에 경각심을 갖게 하고 정신을 바짝 차리게 합니다. 신앙이 얼마나 중요하고 신앙생활에 믿음이 얼마나 귀한지 깨닫고 결단하는 순간이 됩니다.

문제는 그리스도인이나 불신자들이 역사의 수레바퀴 속에서 최후의 심판이라는 이 특별한 주제에 대해 이해하지 못하고, 깨닫지 못하며, 관심을 갖고 있지 않았다는 것입니다. 또한 귀찮아하고, 싫어하며, 상관없다고 생각했다는 것입니다. 이런 안타깝고 가슴 아픈 현실을 반영이라도 하듯 그리스도인들에게조차 최후의 심판이라는 말씀은 잊혀지고, 거부된지 이미 오래되었습니다. 그럼에도 불구하고 마지막 최후의 심판은 반드시 있다고 성경은 분명하게 말씀하고 있습니다. 그렇다면 그때를 미리 준비하고 대비해야 하지 않겠습니까? 최후의 심판은 예수님께서 부활하시고 승천하신 이후 약속대로 다시 이 세상에 재림하셔서 죽은 그리스도인들과 불신자들을 다시 살리시는 엄청난 부활 직후에 있게 되는 심판을 말합니다(마25:31~46). 이러한 최후의 심판에 대해 알아야 할 것은 무엇일까요?

최후의 심판이란 무엇입니까?

"이 세상에서 구원받은 사람들과 불신자들을 대상으로 그들의 행위대로 영원한재판관이신 예수님께서 최종적으로 판결하시는 것을 말합니다."

하나님의 말씀은 누구에게나 공평하게 증거되었습니다. 어느 시대에는 한계가 있기도 했지만 21세기를 살아가는 지금은 하나님의 말씀을 모른다고 핑계할 수 없을 정도로 왕성하게 전파되었습니다. 이러한 가운데 어떤 사람은 믿음으로 구원받고, 어떤 사람은 믿음으로 구원받지 못하는 일들이 끊임없이 일어나고 있는 것이 현실입니다. 결국 믿음으로 구원받았느냐, 아니면 구원받지 못했느냐 하는 것이 최후의 심판에 결정적인 영향력을 끼친다는 것을 알아야 합니다. 믿음으로 구원받은 사람들은 믿음의 삶을 살았을 것이고, 믿음을 거부했던 불신자들은 믿음 없는 삶을 살았을 것이기 때문입니다.

최후의 심판은 천국과 지옥, 영원한 생명과 영원한 형벌, 상급과 징계를 확실하게 선언하는 시간입니다. 따라서 최후의 심판은 개개인의 최종석인 행위에 대한 결론을 선언 받는 결정적인 순간이기에 두렵고 떨리는 시간이 될 것입니다. 개개인에게는 말할 수 없을 정도의 공포의 시간이 될 것입니다. 그럼에도 불구하고 믿음으로 구원받은 그리스도인들에게는 무한한 은혜의 시간이 될 것입니다. 말할 수 없을 정도의 어마어마한 복을 받았음을 깨닫게 되는 시간이 될 것입니다.

최후 심판의 대상은 누구입니까?

1) 사탄과 그 무리들

사탄은 속이는 자입니다(요8:44). 거짓말로 얼마나 잘 속이는지 수많은 사람들이 넘어졌습니다. 욕심으로 넘어지고, 본능으로 넘어지고, 불행으로 넘어졌습니다. 이러한 속임수와 거짓말에 세상이 혼란스럽습니다. 잘 살고 발전하는 것 같은데 부패와 타락은 걷잡을 수 없습니다. 이렇게 인간의 약점을 틈타 계속 복음의 진리를 거부하게 한 사탄과 그 무리들은 심판받아 마땅합니다.

> "또 그들을 미혹하는 마귀가 불과 유황 못에 던져지니 거기는 그 짐승과 거짓 선지자도 있어 세세토록 밤낮 괴로움을 받으리라"(계20:7~10)

2) 불신자

믿을 수 있는 기회가 없어서 불신자가 되었다면 할 말이 없습니다. 그렇지만 믿을 수 있는 기회가 있었음에도 불구하고 여러 가지 온갖 핑계로 믿을 수 있었던 기회를 놓쳐버렸다면 이것은 크나큰 불행이 아닐 수 없습니다(눅14:18~20). 믿을 수 있었던 기회는 어느 시대에나 많이 있었습니다. 하지만 많은 사람이 이러한 귀한 순간을 쉽게 생각하고 놓쳐버렸습니다. 결과는 세상 속에서도 비참함이요 심판 앞에서도 비참함입니다.

> "하나님은 모든 행위와 모든 은밀한 일을 선악 간에 심판하시리라"(전12:14)
> "또 내가 보니 죽은 자들이 큰 자나 작은 자나 그 보좌 앞에 서 있는데 책들이 펴 있고 또 다른 책이 펴졌으니 곧 생명책이라 죽은 자들이 자기 행위를 따라 책들에 기

록된 대로 심판을 받으니"(계20:12)

3) 그리스도인들

구원받은 그리스도인이 되었다는 것은 복 중의 복이요, 기적 중의 기적입니다. 믿음으로 살아오면서 늘 느끼는 것이지만 구원받은 그리스도인이 되었다는 이 은혜를 그 무엇으로 표현할 수 있을지, 그 무엇으로 갚을 수 있을지 도무지 가늠할 수가 없습니다. 그래서 전적인 은혜라고 말하는 것입니다. 감사하고 또 감사하고, 기뻐하고 또 기뻐할 뿐입니다. 하찮고 볼품없는 인생을 구원하셨다면 그것은 무한한 은혜이자 기적이며 복입니다. 우리의 부정한 입술로는 표현할 수 없는 감격입니다. 이처럼 구원받아 그리스도인이 된 것만 해도 특별한 복인데 심판 때에 또 다른 복을 주신다니 얼마나 감사한 일입니까?

"그런즉 우리는 몸으로 있든지 떠나든지 주를 기쁘시게 하는 자가 되기를 힘쓰노라 이는 우리가 다 반드시 그리스도의 심판대 앞에 나타나게 되어 각각 선악 간에 그 몸으로 행한 것을 따라 받으려 함이라"(고후5:9~10)

최후의 심판을 하는 이유는 무엇입니까?

1) 믿음으로 구원받은 그리스도인들에게 영원한 구원과 상(賞)을 주시기 위해서입니다.

이 얼마나 귀한 일입니까? 믿음으로 인내하며 선한 싸움을 끝까지 싸웠더니 보상이 주어지다니 황홀할 뿐입니다. 세상에서 그리스도인이라는 것 때문에 몹시 힘들었던 것, 말할 수 없는 멸시를 받았던 것, 소리 소문 없이 눈물 흘리고 삭혔던 것에 대한 상(賞)의 심판을 말합니다. 구별되게 살고, 선하게 살고, 믿음으로 살았던 모든 행위에 대한 상(賞)의 심판을 말합니다.

> "보라 내가 속히 오리니 내가 줄 상이 내게 있어 각 사람에게 그가 행한 대로 갚아주리라"(계22:12)
> "또한 그가 자기를 찾는 자들에게 상 주시는 이심을 믿어야 할지니라 그리스도를 위하여 받는 수모를 애굽의 모든 보화보다 더 큰 재물로 여겼으니 이는 상주심을 바라봄이라"(히11:6, 26)

2) 믿음으로 구원받지 못한 불신자들에게 벌(罰)을 주기 위해서입니다.

믿음이 없으면 하나님을 기쁘시게 할 수 없습니다. 하나님의 영광을 위해 살 수 없습니다. 따라서 하나님과는 상관없는 삶을 살 수밖에 없습니다. 본능적으로 살고 이기적으로 행동하고 자기 위주의 삶을 살아갑니다. 겉은 인간의 모습이지만 마음과 행동은 짐승보다 못한 경우가 허다합니다. 악한 행동과 부패한 삶으로 살아갑니다. 평생 하나님을 거부하고 부정하며 살았기에 받아야 할 당연한 벌(罰)입니다. 이것이 최후의 심판이 하는 일입니다.

> "그들은 영벌에, 의인들은 영생에 들어가리라 하시니라"(마25:46)
> "선한 일을 행한 자는 생명의 부활로, 악한 일을 행한 자는 심판의 부활로 나오리라"(요5:29)

최후 심판 때에는 분명하게 구별됩니다. 예수님께서 말씀하신 것처럼 의인과 악인, 양과 염소, 상 받을 자와 벌 받을 자로 나누어집니다. 이 세상에서 어떤 신분으로 살았느냐에 따라 엄청난 차이가 생기는 것입니다. 그리스도인이라는 것과 불신자라는 수식어에 따라 심판의 모습이 바뀐다면 우리는 과연 어떤 삶을 살아야 하겠습니까? 최후 심판이 있다는 것을 그리스도인들이 분명하게 현실로 인정하고 받아들인다면 그리스도인들의 삶은 변하게 됩니다. 보는 시각도, 삶의 행동도, 입술의 말도 이전과는 또 다른 의미로 다가오게 됩니다. 매 순간 진지하고 성실한 삶을 위해 애쓰게 됩니다(롬13:11~14).

제주 중문교회 원응두 원로장로는 국민일보 역경의 열매에서 자신의 간증을 소개하고 마지막으로 이런 말을 남깁니다.

"우리 인생에는 중요한 문제들이 많다. 먹고 사는 문제도 중요하고 자기 꿈을 이루고 성공하는 것도 중요하다. 그러나 그런 것들이 인생에서 가장 중요한 것은 아니다. 우리 인생에는 누구나 끝이 있다. 누구든지 이 땅에서의 삶이 끝나면 하나님의 심판대 앞에 서야 한다. 그러므로 이 세상 살 동안 가장 중요한 것은 예수 믿고 구원을 받는 것이다. 사람은 누구나 죽는다. 이 땅에서 아무리 잘 먹고 잘 살아도 결국 죽는다. 그러나 부자와 거지 나사로는 죽음 이후 인생이 완전히 갈렸다. 하나님을 믿는 나사로는 낙원에, 하나님을 믿지 않은 부자는 음부의 고통 속에 빠지고 말았다. 그러므로 이 땅에 있을 때 우리는 세상 부귀영화가 아니라 하나님을 잘 믿어야 한다."

"만나매 안디옥에 데리고 와서
둘이 교회에 일 년간 모여 있어 큰 무리를 가르쳤고
제자들이 안디옥에서 비로소 그리스도인이라
일컬음을 받게 되었더라"

– 행11:26

18장 · 그리스도인이란? ①

청주 주님의 교회를 목회하셨던 주서택 원로목사의 말입니다.

"무료 결혼식의 주례를 볼 때 생긴 일이다. 결혼식이 시작됐는데 신랑이 오지 않았다. 조금 늦나 보다 생각했지만 30분이 흘러도 신랑이 나타나지 않자 하객들도 술렁거리고 양가 부모님들도 어찌할 바를 몰라 하셨다. 가장 당황한 것은 면사포를 쓴 신부였다. 보니 닭똥 같은 눈물을 흘리고 앉아 있었다. 부모님 말씀이 아무리 연락을 해도 연락이 안 된다고 하셨다.

결국 하객들은 모두 돌아가고 부모님과 신부만 남았다. 주례자인 내게 미안해 어쩔 줄 몰라 하시는데 신부의 모습이 들어왔다. 신랑이 꼭 올 거라고 믿고 오롯이 앉아 기다리는 신부를 보니 차마 뿌리칠 수 없어 우리는 계속 기다리기로 했다. 그런데 4시간을 넘긴 후에야 신랑이 헐레벌떡 나타났다. 전날 밤 친구들과 놀다가 술 한 잔 걸치고 여관에서 커튼까지 내리고 잤다가 이제 일어나 달려온 것이다. 결국 신부의 기다림으로 인해 결혼식은 무사히 치러졌다. 만일 신부가 신랑을 믿지 못했다면 결혼식은 치러질 수 없었을 것이다. 우리도 이 신부처럼 신랑을 기다리고 있다."

그리스도인은 신랑 되신 예수님을 기다리는 사람입니다. 반드시 오시겠다고 하신 말씀을 굳게 믿고 기다리는 사람입니다. 기다리는 중에 눈물이 나고, 위기를 경험하고, 멸시와 천대를 받아도 기다리는 사람입니다. 그리스도인들을 만나러 오시겠다고 약속하셨으니 언제 오실지는 모르나 약속이 성취되는 것은 분명합니다. 그러니 있는 위치, 있는 장소에서 주어진 일들을 성실히 감당하며 기다려야 합니다. 예수님을 기다리는 그리스도인을 다른 말로 '그리스도의 사람' '그리스도를 닮은 사람' ' 그리스도를 따르는 사람'이라는 뜻으로 이해할 수 있습니다. 물론 그리스도인이란 말의 용어는 이방인들이 만들었습니다(행11:26). 그렇다면 성경은 그리스도인을 또 다른 어떤 모습으로 소개하고 있을까요. 그것은 무엇일까요?

세상의 소금과 빛

우리가 잘 알고 있는 것처럼 소금은 썩는 것을 방지합니다. 그리고 맛을 내는 데 일조합니다. 빛은 어두움을 밝혀 줍니다. 그리고 생명을 유지하고 열매를 맺게 합니다. 만약 세상에 소금과 빛이 없다면 얼마나 고통스럽고 얼마나 괴로울까요? 세상에 소금과 빛이 있다는 것은 천만다행이고 우리 모두에게 복이며 하나님의 은혜입니다. 이렇게 귀한 소금과 빛을 예수님은 그리스도인들에게 적용하십니다. 예수님은 구원받은 그리스도인을 향해 세상의 소금이요 세상의 빛이라고 극찬하셨습니다.

"너희는 세상의 소금이니 소금이 만일 그 맛을 잃으면 무엇으로 짜게 하리요 후에는 아무 쓸 데 없어 다만 밖에 버려져 사람에게 밟힐 뿐이니라 너희는 세상의 빛이라 산 위에 있는 동네가 숨겨지지 못할 것이요"(마5:13~14)

하나님의 자녀

사람의 자녀가 된 것도 귀한 일인데 하나님의 자녀가 되었다면 이보다 더 귀한 일은 없습니다. 하나님의 자녀는 누구나 되는 것이 아닙니다. 누구에게나 주어지는 것도 아닙니다. 이것은 하나님으로부터 선택된 사람만이 얻을 수 있는 놀라운 특권이자 엄청난 특권이며 신비한 특권입니다.

"영접하는 자 곧 그 이름을 믿는 자들에게는 하나님의 자녀가 되는 권세를 주셨으니 이는 혈통으로나 육정으로나 사람의 뜻으로 나지 아니하고 오직 하나님으로부터 난 자들이니라"(요1:12~13)

그리스도의 증인

증인의 역할은 막중합니다. 증인이 어떻게 말하느냐에 따라 결과가 달라지기 때문입니다. 그래서 증인은 아무나 할 수 있는 일이 아닙니다. 또 함부로 세우지도 않습니다. 그리스도의 증인이란 예수님에 대해서 보고 들은 바를 자세하게 설명할 줄 아는 사람을 말합니다. 그런데 이것은 성령이 임한 사람만이 할 수 있는 일입니다.

"오직 성령이 너희에게 임하시면 너희가 권능을 받고 예루살렘과 온 유대와 사마리아와 땅 끝까지 이르러 내 증인이 되리라 하시니라"(행1:8)

그리스도의 종

종은 주인의 음성에 귀를 기울입니다. 말없이 시키는 일을 잘 감당합니다. 보상을 바라지 않습니다. 무슨 일이든 당연히 할 일이라고 생각합니다. 불평불만이 없습니다. 세상 그 누구의 종이 아니라 그리스도의 종이라는 것은 너무나 큰 영광입니다. 세상에서 그 무엇과도 비교할 수 없는 영광스러운 호칭입니다.

"주 안에서 부르심을 받은 자는 종이라도 주께 속한 자유인이요 또 그와 같이 자유인으로 있을 때에 부르심을 받은 자는 그리스도의 종이니라"(고전7:22)

그리스도의 향기

그리스도인은 악취가 두루 퍼져 있는 세상에서 복음의 향기, 말씀의 향기, 믿음의 향기 등을 널리 퍼트려야 할 사람들입니다. 그리스도인은 자체가 귀한 향기입니다. 그리스도인이 그리스도를 드러내는 향기로 쓰임 받는 존재라니 얼마나 감사한 일입니까? 죽어가는 생명을 다시 살리는 향기로 쓰이는 사람들이 그리스도인입니다.

"우리는 구원 받은 자들에게나 망하는 자들에게나 하나님 앞에서 그리스도의 향기 니 이 사람에게는 사망으로부터 사망에 이르는 냄새요 저 사람에게는 생명으로부터 생명에 이르는 냄새라 누가 이 일을 감당하리요"(고후2:15~16)

그리스도의 편지

21세기인 지금은 손으로 편지 쓰는 일이 많지 않지만 20세기까지만 해도 연락 수단의 대표는 편지였습니다. 사도 바울은 그리스도인을 그리스도의 편지라고 언급합니다. 가슴 설레게 하고, 힘을 불어넣어 주는 것이 편지입 니다. 기쁜 소식을 전해주며, 희망을 품게 하는 것이 편지입니다. 그리스도 인은 뭇 영혼들에게 안식과 평안을 주는 편지입니다.

"너희는 우리의 편지라 우리 마음에 썼고 뭇 사람이 알고 읽는 바라 너희는 우리로 말미암아 나타난 편지니 이는 먹으로 쓴 것이 아니요 오직 살아 계신 하나님의 영으 로 쓴 것이며 또 돌판에 쓴 것이 아니요 오직 육의 마음판에 쓴 것이라"(고후3:2~3)

그리스도의 사신

그리스도인은 예수님의 대리인입니다. 다시 말해 예수님을 대신하는 사 람입니다. 그러므로 그리스도인을 보면 예수님을 볼 수 있어야 합니다. 예 수님을 느낄 수 있어야 합니다. 예수님을 확신할 수 있어야 합니다. 그리스 도를 대신한다는 것은 그만큼 엄중한 책임감이 뒤따르고, 그리스도를 대신

하는 사람이기에 그 임무는 막중합니다.

> "그러므로 우리가 그리스도를 대신하여 사신이 되어 하나님이 우리를 통하여 너희
> 를 권면하시는 것 같이 그리스도를 대신하여 간청하노니 너희는 하나님과 화목하
> 라"(고후5:20)

그리스도의 군사

그리스도인으로 살면 날이면 날마다 영적 전쟁을 치러야 합니다. 느끼
든 느끼지 못하든 그리스도인은 이런 상황 속에서 살아가는 사람들입니다.
이 영적 전투에서 승리하려면 좋은 병사, 훈련된 병사, 준비된 병사가 되
어야 합니다. 영적 전쟁에서의 강력한 무기는 말씀입니다. 기도입니다. 찬
양입니다.

> "너는 그리스도 예수의 좋은 병사로 나와 함께 고난을 받으라"(딤후2:3)

하나님의 백성

하나님의 백성이 되었다는 것은 그리스도인이 됨으로 따라오는 복된 특
권입니다. 아무나 될 수 있는 것이 아니고, 누구나 될 수 있는 것도 아니며,
원한다고 이루어지는 것이 아니기 때문입니다. 하나님의 백성이 되었다는
것은 전적으로 하나님의 뜻이고 선택이며 은혜입니다.

"그러나 너희는 …그의 소유된 백성이니…"(벧전2:9)

그리스도인이라는 또 다른 이름들을 알아보았습니다. 이 외에도 하나님의 일꾼(고후6:3~4), 택하신 족속, 왕 같은 제사장, 거룩한 나라(벧전2:9) 등이 있습니다. 성경에서 말하는 대표적인 별명들을 마주해보면 그리스도인들이 얼마나 놀라운 사람인지 알 수 있습니다. 이러한 이름 앞에 당당한 그리스도인으로 살아야 할 의무가 있다는 것을 절감합니다. 그리스도인이 되었다는 것은 믿음으로 구원받았다는 말씀입니다. 더불어 영생, 천국, 하나님의 백성 등의 놀라운 말씀들을 나의 것으로 만들었음을 말해줍니다. 그리스도인은 이런 말씀을 들을 때 생각해야 합니다. 그리고 충격적으로 받아들여야 합니다. 마지막으로 결단해야 합니다. 그리스도인이 되는 것은 아무나 되는 것이 아니기에 거룩한 몸부림과 고뇌가 있어야 하는 것은 당연합니다. 세상에서 도무지 들을 수 없는, 세상 언어로는 도무지 이해할 수 없는 말씀들을 대할 때의 충격이 있어야 합니다. 쉽게 얻는 것은 또한 쉽게 잃어버리듯이 그리스도인이라는 이름을 귀하게 얻었으니 귀하게 쓰임 받는 그리스도인이 되어야 하지 않겠습니까?

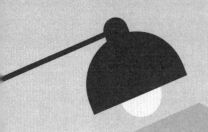

"여호와께서 아브람에게 이르시되 너는 너의 고향과 친척과
아버지의 집을 떠나 내가 네게 보여 줄 땅으로 가라
내가 너로 큰 민족을 이루고 네게 복을 주어 네 이름을 창대하게 하리니
너는 복이 될지라 너를 축복하는 자에게는 내가 복을 내리고
너를 저주하는 자에게는 내가 저주하리니 땅의 모든 족속이 너로 말미암아
복을 얻을 것이라 하신지라 이에 아브람이 여호와의 말씀을 따라 갔고
롯도 그와 함께 갔으며 아브람이 하란을 떠날 때에 칠십오 세였더라
아브람이 그의 아내 사래와 조카 롯과 하란에서 모은 모든 소유와
얻은 사람들을 이끌고 가나안 땅으로 가려고 떠나서
마침내 가나안 땅에 들어갔더라 아브람이 그 땅을 지나
세겜 땅 모레상수리나무에 이르니 그 때에 가나안 사람이
그 땅에 거주하였더라 여호와께서 아브람에게 나타나 이르시되
내가 이 땅을 네 자손에게 주리라 하신지라
자기에게 나타나신 여호와께 그가 그 곳에서 제단을 쌓고
거기서 벧엘 동쪽 산으로 옮겨 장막을 치니
서쪽은 벧엘이요 동쪽은 아이라 그가 그 곳에서
여호와께 제단을 쌓고 여호와의 이름을 부르더니
점점 남방으로 옮겨갔더라"

– 창12:1~9

19장 · 그리스도인이란? ②

　사람이 변하고 싶다는 말을 하기는 쉽지만 실제로 변하기는 매우 힘이 듭니다. 분명히 자신의 삶이 변하면 더 행복하고 윤택한 삶을 살 수 있는데도 변화를 망설이는 사람이 많습니다. 왜 이렇게 망설일까요? 변화를 망설이는 이유는 무엇일까요? 그 이유는 대개 세 가지입니다. 가장 먼저 새로운 일에 대한 적응을 두려워하기 때문입니다. 그리고 아무리 상황이 나빠도 변화하면 상황이 더 악화되지는 않을까 하는 염려에 사로잡혀있기 때문입니다. 마지막으로 변화에 따른 불편함을 견디지 못할 것이라는 편견 때문입니다. 그럼에도 불구하고 변화를 경험하지 않으면 더 나은 삶을 추구할 수 없습니다. 항상 제자리걸음만을 반복할 뿐입니다. 세상살이가 그렇듯 특별히 신앙의 삶은 더욱 더 변화의 삶을 절실하게 요구합니다.

　예수님의 제자들과 바울 사도는 인생의 변화를 경험한 이들입니다. 제자들은 자신들이 지금까지 갖고 있었던 직업이든 일이든 직책이든 다 내려놓고 예수님이라는 새 시대의 희망과 변화의 물결에 합류합니다. 바울 사도도 예수님을 만나고 나서 과거의 자랑거리였던 자신의 이력을 배설물로 여기고 변화된 모습으로 예수님을 전하는 전도자가 되었습니다. 이렇게 하나의 변화만으로도 인생이 완전히 바뀔 수 있습니다. 예수님을 믿는다는 것, 그리고 예수님의 사람이 된다는 것은 예수님의 사람으로 변화되어 간다는 뜻입니다. 그러므로 삶의 변화를 두려워해서는 안 됩니다. 변화하지 못하면 악화할 뿐입니다. 그러나 예수님 안에서 변화를 포용하면 세상이 감당하지 못하는 위대한 예수님의 사람이 될 수 있습니다.

본문을 보면 하나님 앞에서 변화되어 위대한 믿음의 조상이 된 사람이 있습니다. 선민 이스라엘의 초대 조상이 된 사람입니다. 인류 구원 역사의 최초 조상이 된 사람입니다. 그분은 바로 아브라함입니다. 이러한 아브라함을 통해 그리스도인은 구원받은 그리스도인으로 자부심과 긍지를 가졌으면 좋겠습니다. 믿음의 사람으로 적재적소에 쓰임 받았으면 좋겠습니다. 이 땅위에서 구별된 하나님의 사람으로 인정받고 열매 맺었으면 좋겠습니다. 그렇다면 그리스도인이란 어떤 사람입니까?

아브라함처럼 하나님께 선택된 사람입니다.

> "여호와께서 아브람에게 이르시되 너는 너의 고향과 친척과 아버지의 집을 떠나 내 가 네게 보여 줄 땅으로 가라"(1절)

믿음의 사람인 그리스도인도 아브라함에게 하나님이 어느 날 갑자기 나타나셔서 말씀하신 것처럼 선택된 사람입니다. 특별한 사람입니다. 관심이 집중된 사람입니다. 다시 말해 수많은 사람 가운데서 믿음의 사람으로 뽑힌 사람입니다. 아브라함은 셋의 후손으로 혈통적으로 준비된 사람이었습니다. 하나님과 동행 했던 믿음의 조상의 후손이었습니다. 그런데 어느 순간 아브라함의 조상들은 자연스럽게 하나님을 잊어버렸습니다. 심지어 아브라함의 아버지 데라는 우상을 철저하게 숭배하며 살아갔습니다(수24:2). 이러한 상황이었음에도 하나님은 아브라함을 찾아오시고 아브라함을 빚으시고 아브라함을 쓰십니다. 이런 역사적인 사실들을 볼 때 우리도 알 수 없습니다. 희망을 가져야 합니다. 우리의 후손 중에 누가 하나님 앞에서 귀하게 쓰일지 알 수 없기 때문입니다.

하나님은 아브라함에게 고향과 친척과 아버지의 집을 떠나라고 말씀하십니다. 그리고 내가 보여 줄 땅으로 가라고 말씀하십니다. 이렇게 말씀하신 이후 하나님은 세 가지를 약속하십니다. 하나님은 아브라함을 통해 큰 민족을 이루고, 아브라함에게 복을 주며, 아브라함의 이름을 크게 알리겠다고 약속하십니다(2절). 이 말씀은 선택된 믿음의 사람, 하나님의 사람을 탁월하게 잘되게 하시겠다는 말씀입니다. 하나님께서 아브라함에게 이렇게 귀한 말씀을 하셨다면 오늘날 우리 그리스도인에게도 여전히 성취될 수 있는 합당한 말씀입니다. 오래전의 옛 말씀이 아니라 이 시대, 이 현실에서도 여전히 가능한 생명의 말씀입니다. 그리스도인들이 믿음으로 받아들이면 반드시 이루어질 일이라 확신합니다.

아브라함은 결국 시간 속에서 이 모든 것들을 성취합니다. 이스라엘이라는 큰 민족을 이룹니다. 복을 받습니다. 이름이 크게 알려집니다. 민족의 아버지(창17:5), 하나님이 세우신 지도자(창23:6), 여호와의 종(시105:5), 민족의 조상(롬4:11~18), 하나님의 벗(약2:23)이라는 영광스러운 이름으로 부르게 됩니다. 더군다나 예수님이 이 땅 위에 오실 수 있는 육신적인 혈통으로 예수 그리스도의 조상이 됩니다(마1:1). 이러한 모든 것들을 종합해

보았을 때 하나님께 선택된 아브라함은 하나님의 사람으로 끝까지 쓰임 받습니다. 여러 가지 어려움과 난관들이 있었음에도 하나님의 사람으로 하나님의 뜻을 이루는 도구로 쓰임 받습니다. 이와 같이 21세기를 살아가는 우리 그리스도인도 아브라함처럼 하나님께서 선택한 하나님의 사람임을 명심해야 합니다.

아브라함처럼 하나님께 순종하는 사람입니다.

"이에 아브람이 여호와의 말씀을 따라갔고"(4절)

순종은 결코 쉬운 일이 아닙니다. 보이는 사람에게 순종하는 일도 몹시 어려운데 보이지 않는 하나님 앞에서 순종하는 일은 더욱더 어렵습니다. 그런데 아브라함은 하나님 앞에서 순종합니다. 이것은 위대한 순종입니다. 이러한 아브라함 한 사람의 즉각적인 순종에 의해 인류 구원 역사가 시작되었다는 것을 놓치지 말아야 합니다. 인류 수많은 사람들이 구원받을 수 있는 기회가 주어졌다는 것을 잊지 말아야 합니다. 인류에게 구원의 가능성이 활짝 열리게 되었다는 것을 반드시 알아야 합니다. 특별히 히브리서 기자는 이 순종을 믿음과 연결시키고 있다는 사실에 주목해야 합니다.

"믿음으로 아브라함은 부르심을 받았을 때에 순종하여 장래의 유업으로 받을 땅에 나아갈새 갈 바를 알지 못하고 나아갔으며"(히11:8)

이것이 바로 믿음입니다. 이것이 바로 순종입니다. 하나님께 순종하는 사람은 믿음의 사람입니다. 하나님의 말씀에 순종하는 사람은 믿음의 사람입니다. 하나님의 말씀에 순종한다는 것은 머리로만 믿는 것이 아니라 하나님의 말씀에 의지하고 신뢰하며 몸으로 행동하는 것을 말합니다. 순종은 곧 믿음입니다. 믿음은 곧 순종입니다. 그리고 순종은 믿음 안에서 행동하는 것입니다. 사도 바울은 순종과 믿음을 이렇게 표현합니다.

> "그러므로 여러분이여 안심하라 나는 내게 말씀하신 그대로 되리라고 하나님을 믿노라"(행27:25)

신앙생활에서 윤택하고 풍성해지려면 하나님의 말씀 앞에서 얼마나 성실하게 순종하느냐에 달렸습니다. 똑같이 믿는 것 같아도 분명한 차이가 보이는 것은 하나님의 말씀 앞에서의 순종의 태도 때문입니다. 하나님의 말씀 앞에서 순종한다는 것은 결코 쉬운 일이 아닙니다. 굉장히 어려운 일입니다. 하지만 순종할 때 하나님이 주시는 신령한 복, 삶의 복이 있음을 알아야 합니다. 힘들고 어려운 시대에 힘들고 어려운 신앙생활이라고 할지라도 순종할 때 값진 신앙의 열매가 있음을 알아야 합니다. 예수님은 하나님의 아들이시지만 순종을 통해 온전하게 되셨습니다(히5:8~9). 그러한 순종을 몸으로 보여 주셨습니다. 순종은 행동으로 보여주는 것입니다. 그러므로 그리스도인은 아브라함처럼 하나님께 순종하는 사람입니다. 하나님의 말씀에 순종하는 사람입니다.

아브라함처럼 하나님께 예배드리는 사람입니다.

"여호와께서 아브람에게 나타나 이르시되 … 자기에게 나타나신 여호와께 그가 그곳에서 제단을 쌓고 거기서 벧엘 동쪽 산으로 옮겨 장막을 치니 서쪽은 벧엘이요 동쪽은 아이라 그가 그곳에서 여호와께 제단을 쌓고 여호와의 이름을 부르더니"(7~8절)

예배는 오직 하나님께 드리는 것입니다. 예배를 온전히 받으실 분은 오직 하나님뿐입니다. 이 세상에 수많은 종교와 수많은 신이 있다고 하지만 예배의 대상은 오로지 하나님이십니다. 그리스도인은 "스스로 계신 분"(출3:14)을 예배합니다. 형상으로 만들어지고 새겨진 것들을 그리스도인은 예배하지 않습니다. 그것들은 보지 못하고, 듣지 못하고, 숨 쉬지 못하기에 예배의 대상이 될 수 없습니다(시115:4~7, 135:15~18).

하나님께 예배드린다는 것은 그리스도인에게 있어 너무나 중요한 일입니다. 특별히 그리스도인은 예배를 통해 하나님을 만납니다. 하나님을 경험합니다. 하나님을 찬양합니다. 하나님께 예배드릴 때 하나님께 은혜를 받습니다. 복을 받습니다. 감동을 받습니다. 예배는 들어가도 나가도 복 받는 통로가 됩니다. 견고하고 심지가 굳센 믿음의 용사가 되게 합니다. 분별력 있는 삶을 살게 하는 원동력이 됩니다. 하나님께 예배드리는 사람과 가정은 그렇지 않은 사람과 가정에 비해 삶이 다르고 태도가 다르며 열매가 다릅니다. 계속되는 삶의 결과와 자자손손의 결과는 달라도 너무 다르다는 것을 역사는 말해줍니다.

아브라함도 하나님께 영광 돌리기 위해 예배드리기를 즐겨 했습니다. 아브라함이 이동하는 곳곳마다, 자리 잡는 곳곳마다 제단을 쌓고 하나님께 예배드렸다는 것을 말씀을 통해 확실하게 알 수 있기 때문입니다. 한마디로 아브라함은 하나님께 예배드리는 것을 우선순위로 여겼음을 알 수 있습니다. 아브라함 시대에 쉽지 않은, 정말 무척 어려운 일이었음에도 불구하고 주변 사람이나 환경을 뛰어넘어 가는 곳곳마다 하나님께 예배드렸다는 것은 놀라운 일이 아닐 수 없습니다. 21세기를 살아가는 우리 그리스도인도 아브라함처럼 사람의 시선을 신경 쓰지 않고 어떤 장소, 어떤 환경, 어떤 위치 속에서도 하나님께 예배드릴 수 있습니다. 그리스도인은 아브라함처럼 언제 어디서나 하나님께 예배드리기를 기뻐하는 사람입니다.

인생이 불만족스러운 한 청년이 왕을 찾아가 인생을 성공적으로 사는 법을 가르쳐 달라고 졸랐습니다. 왕은 잔에 포도주를 가득 부어주며 이렇게 말했습니다.

"포도주 잔을 들고 성을 한 바퀴 돌아오면 성공비결을 가르쳐 주겠다. 하지만 포도주를 한 방울이라도 엎지르면 목을 치겠다."

청년은 땀을 뻘뻘 흘리며 성을 한 바퀴 돌아 왕에게 왔습니다. 왕이 청년에게 물었습니다.

"그래 성을 돌아보면서 무엇을 보았는가? 장사꾼을 보았는가? 군인들을 보았는가? 어린 아이들을 보았는가?"

청년이 대답했습니다.

"왕이시여 포도주 잔에 신경 쓰느라 아무것도 못 봤습니다."

왕이 말했습니다.

"그것이 성공비결이다. 포도주 잔에 집중했듯이 네게 주어진 일과 목표
에 집중하면 주변 상황에 불만족스러울 틈이 없다."

그리스도인은 하나님께 선택된 사람입니다. 하나님께 순종하는 사람입
니다. 하나님께 예배드리는 사람입니다. 이러한 신앙적 삶에 집중하는 사
람이 그리스도인입니다. 아브라함처럼 말입니다. 아브라함이 그렇게 살았
던 것처럼 말입니다.

"그런즉 너희는 먼저 그의 나라와 그의 의를 구하라
그리하면 이 모든 것을 너희에게 더하시리라"

- 마6:33

20장 · 우선순위

사도 베드로와 사도 바울이 우리나라에 오신다면, 혹은 우리 가정에 오신다면 무슨 말씀을 하실까요? 아마도 분명하게 이런 말을 하지 않으실까요?

"인간은 죄인입니다. 의인은 없습니다. 반드시 회개하십시오. 그리고 회개에 합당한 열매를 맺으십시오. 인간의 죄를 해결하기 위해 십자가에서 죽으시고 부활하신 하나님의 아들 예수님을 믿어야 합니다. 구원의 다른 이름은 없습니다. 하나님이 주신 이름은 오직 예수님뿐입니다. 주일에는 창조주 되시고 구원자 되신 하나님께 꼭 예배하십시오. 예배의 승리자가 세상의 승리자가 됩니다. 교회와 그리스도인들은 예수님을 믿으라고 전도해야 합니다. 전도는 교회와 그리스도인들이 감당해야 할 지상명령입니다. 교회와 그리스도인들은 더욱 거룩해져야 합니다. 거룩은 신앙생활의 필수조건입니다. 세상은 공중권세 잡은 악령들이 지배하고 있습니다. 모든 사람은 물론 특히 청년들로 하여금 죄에 빠지지 않도록 도와 줘야 합니다. 우상을 섬기는 사람의 영혼을 불쌍히 여기고 그들에게 복음을 전하십시오. 주님의 재림이 가까웠습니다. 깨어 준비하고 있으십시오."

예수님이 우리나라에 오신다면, 혹은 우리 가정에 오신다면 무슨 말씀을 하실까요. 분명하게 이런 말씀을 하지 않으실까요?

"나를 믿는 자는 심판에 이르지 않는다. 사망에서 생명으로 옮길 것이니 나를 믿으라. 나를 믿는 자는 그 배에서 생수의 강이 흘러나오리라. 내가 곧 재림할 것이니 기다려라."

구원받은 그리스도인이라면 누구를 만나든지 어디에 가든지 사도 베드로처럼, 사도 바울처럼, 예수님처럼 믿음으로 구원받아야 한다는 진리의 말씀을 전해야 합니다. 그렇다면 예수님은 본문을 통해 그리스도인들이 무엇을 가장 먼저 우선순위로 삼아야 한다고 말씀하십니까?

하나님의 나라에 우선순위를 두어야 한다고 말씀하십니다.

"그런즉 너희는 먼저 그의 나라와 … 구하라"(33절상)

살아가면서 우선순위를 결정하고 그 결정에 따라 산다는 것은 매우 중요합니다. 왜냐하면 우선순위에 따라 삶이 달라지기 때문입니다. 그러므로 삶에 있어 우선순위를 잘 결정하고 살면 장점이 많습니다. 예를 들어 보겠습니다. 시간을 효과적으로 사용할 수 있습니다. 맡겨진 일들을 잘 처리할 수 있습니다. 하고자 하는 의욕이 생깁니다. 자신 있게 행동할 수 있습니다. 여유 있는 삶이 가능합니다. 만약 우선순위를 결정하지 못하고 우선순위에 관심 없다면 삶이 피곤해질 수밖에 없습니다. 예를 들어 보겠습니다. 무엇을 해야 할지 몰라 허둥거리게 됩니다. 시간을 규모 있게 쓰지 못해 낭비하게 됩니다. 일 처리가 늦어지고 앞뒤가 없게 됩니다. 매사에 의욕이 없게 됩니다. 자신감이 떨어지게 됩니다. 늘 긴장된 삶을 살아야 합니다.

예수님은 구원받은 그리스도인들을 향해 가장 먼저 우선적으로 해야 할 일은 하나님 나라에 대한 관심이라고 말씀하십니다. 예수님을 구세주로 믿는다면, 그래서 하나님의 자녀가 되었다면, 그리스도인은 당연히 하나님 나라를 위해 수고하고 애쓰고 힘쓰고 땀 흘리는 믿음의 사람이 되어야 합니다. 한마디로 하나님 나라에 가장 먼저 관심을 둬야 한다는 것입니다. 집중해야 한다는 것입니다. 왜냐하면 이 세상도, 이 세상 사람들도 한순간에 언젠가 없어지고 사라질 것이지만 하나님의 나라는 영원 영원히 존재할 나라이기 때문입니다. 그러므로 믿음으로 구원받은 그리스도인이라면 하나님의 나라를 가장 먼저 최우선적으로 구해야 합니다.

사람들은 보통 이렇게 생각하며 살아갑니다. '오늘은 무엇을 먹을까?' '오늘은 무엇을 마실까?' '오늘은 무엇을 입을까?' 이러한 생각은 일반적인 사람들에게는 지극히 당연한 일인지 모릅니다. 믿음이 없는 사람들에게는 오히려 자연스러운 일인지 모릅니다. 세상 나라 사람들에게는 가장 핵심적인 일인지 모릅니다. 이에 대해 예수님은 이렇게 말씀하십니다.

"그러므로 염려하여 이르기를 무엇을 먹을까 무엇을 마실까 무엇을 입을까 하지 말라 이는 다 이방인들이 구하는 것이라"(마6:31~32상)

예수님은 한마디로 이렇게 사는 삶이야말로 이방인의 삶이라고 말씀하십니다. 구원받은 그리스도인의 삶은 아니라는 것입니다. 그렇다면 구원받은 그리스도인은 먹고 마시고 입는 것에 대해 무관심하고 무감각해야 한다는 말입니까? 아무 생각 없이 주어진 대로 견뎌야 한다는 말입니까? 아닙니다. 그렇지 않습니다. 예수님은 그리스도인들도 먹고 마시고 입어야 한다고 말씀하십니다. 다만 구원받은 사람은, 거룩한 사람은, 하나님 나라를 바라보는 사람은 달라야 한다는 것입니다.

> "너희 하늘 아버지께서 이 모든 것이 너희에게 있어야 할 줄을 아시느니라 그런즉 너희는 먼저 그의 나라와 … 구하라"(마6:32상~33)

구원받은 그리스도인의 최우선적인 관심은 이방인들처럼 무엇을 먹을까에 있지 않다는 것입니다. 무엇을 마실까에 있지 않다는 것입니다. 무엇을 입을까에 있지 않다는 것입니다. 구원받은 그리스도인의 가장 중요한 관심은 하나님 나라에 대한 관심이어야 한다는 것입니다. 또한 하나님 나라를 이 땅 위에 나타내야 한다는 것입니다. 그리고 하나님 나라의 사람임을 보여주는 것입니다. 세상 나라보다는 하늘나라에, 어두움보다는 밝은 빛에, 죄짓는 것보다는 선한 행동을, 염려보다는 믿음에 관심을 고정하는 것입니다.

세계적인 역사학자인 아놀드 토인비 박사는 이 세상에는 세 종류의 사람이 있다고 했습니다. "과거의 잘못을 반복하는 사람, 현실에 안주하는 사람, 미래의 역사를 이끌어가는 창조의 소수." 이러한 말들을 요약해보면 그리스도인이야말로 창조의 소수임을 알 수 있습니다. 하나님으로부터 선택되어 미래의 역사를 이끌어가는 창조의 소수 말입니다. 하나님은 분명한 비전을 갖고 그 꿈을 이루기 위해 하나님의 도우심을 구하고 힘쓰는 창조의 소수를 이 시대에 귀하게 쓰십니다. 창조의 소수로 선택받은 하나님의 사람이 가져야 할 분명한 태도는 선명한 가치관입니다. 그 선명한 가치관을 본문은 '하나님의 나라'라고 말씀합니다. 하나님 나라를 향한 목마름, 하나님 나라를 향한 부르짖음 등을 최우선 순위로 여기고 가장 귀하게 여기며 사는 사람이야말로 살아있는 그리스도인입니다. 구원받은 그리스도인은 하나님 나라를 최우선 순위로 구하는 사람입니다.

하나님의 의에 우선순위를 두어야 한다고 말씀하십니다.

"그런즉 너희는 먼저 … 그의 의를 구하라"(33절하)

민음으로 구원받은 그리스도인은 가장 먼저 하나님의 나라를 구해야 합니다. 이와 함께 동시적으로, 믿음으로 구원받은 그리스도인은 가장 먼저 하나님의 의를 구해야 합니다. 하나님의 의인 진리의 말씀을 따라 바르게 사는 것이 무엇인지, 하나님의 의로우심이 그리스도인에게 왜 필요한지, 하나님의 의인 믿음과 소망과 사랑으로 살아내는 것이 어떤 것인지 가장 우선적으로 관심을 둬야 한다는 말씀입니다. 성경은 하나님이 의로운 분이라고 말씀합니다. 그런 하나님이 인간 예수님으로 오셨기에 그분을 믿고 믿음으로 살아가는 사람을 그리스도인이라 부르는 것입니다. 그러므로 그리스도인들은 의롭게 살아야 합니다. 기준을 분명히 하며 살아야 합니다.

그리스도인들이 만약 하나님의 나라(천국)에는 관심이 많으면서 하나님의 의에 관심이 없다면 심각하게 생각해 보아야 합니다. 하나님의 나라에는 관심이 많으면서 이 땅 위에서의 하나님의 의에 관심이 없다면 심각하게 아파해야 합니다. 하나님의 나라에는 관심이 많으면서 현재 지금 하나님의 의에 관심이 없다면 심각하게 고민해야 합니다. 왜냐하면 균형을 잃어버렸기 때문입니다. 병들만큼 무감각해졌기 때문입니다. 착각할 정도로 잘못된 신앙을 갖고 있기 때문입니다. 그렇다면 하나님의 의란 무엇일까요?

인도 선교사였던 스탠리 존스 목사는 중풍으로 마비가 와서 보스턴 병원에 5개월 동안 누워있게 되었습니다. 그는 간호사들에게 자신을 잠에서 깨울 때 '나사렛 예수의 이름으로 일어나라'고 외쳐 달라고 부탁했습니다. 그리고 그때마다 그의 대답은 언제나 '예스(Yes)' '아멘(Amen)'이었습니다. 그는 결국 다시 걷고 설교까지 할 수 있게 되었습니다. 부정적인 말과 부정적인 사고가 온통 가득한 세상 속에서 오늘 그리스도인들에게 필요한 것은 '거룩한 예스' '거룩한 아멘'입니다. 이것이 하나님의 의입니다.

어떤 사람은 쓸데없는 객담과 필요하지 않은 놀이와 즐길 거리를 찾아 하루하루를 소일하면서 시간을 낭비합니다. 시간을 낭비하는 것, 곧 시간을 죽이는 것은 내 인생을 죽이는 것이나 마찬가지인데도 말입니다. 하나님께서는 우리 모든 사람들에게 똑같이 하루 24시간을 주셨습니다. 분으로 따지면 1440분이고, 초로 따지면 8만 6400초입니다. 어떤 사람은 이 시간을 분초로 나눠 쓸 만큼 천금(千金)처럼 값지게 사용합니다. 1분 1초도 헛되이 쓰는 법이 없습니다. 성경에도 세월을 아끼라는(엡5:15~16) 사도 바울의 권면이 있지 않습니까. 시간을 값지게 사용하는 것도 하나님의 의입니다.

'고백록'을 쓴 성 어거스틴이 이탈리아 밀라노에 있을 때의 일입니다. 심한 영적 고민으로 절망에 빠져있던 그는 옆에 바울서신의 사본이 놓여 있었음에도 관심을 두지 않았습니다. 그때 옆에서 놀던 아이들이 "집어서 읽어라. 집어서 읽어라"라는 노랫가락을 읊조린 소리를 들었습니다. 그는 반사적으로 옆에 있던 바울 서신의 한 부분을 읽었습니다. "낮에와 같이 단정히 행하고 방탕하거나 술 취하지 말며 음란하거나 호색하지 말며 다투거나 시기하지 말고 오직 주 예수 그리스도로 옷 입고 정욕을 위하여 육신의 일을 도모하지 말라" 로마서 13장 13~14절 말씀을 읽은 것입니다. 그는 이 말씀을 읽고 난 그때의 순간을 이렇게 고백했습니다. "이 말씀을 읽고 난 순간 한 가닥 '확실성'의 빛이 내 마음에 쏟아져 들어오면서 무명의 온갖 어둠이 스러져 버렸나이다." 하나님의 말씀을 멀리하고 기도하지 않고 예배드리지 않으면 깊은 영적 잠에 빠지게 됩니다. 하나님 말씀을 가까이 하며 읽고 기도하며 예배드리는 것이 하나님의 의입니다.

이밖에도 좁은 문으로 들어가는 것, 좁은 길로 가는 것, 믿음으로 살아가는 것, 소망을 갖고 견디는 것, 사랑으로 힘을 다해 애쓰는 것 등을 하나님의 의라고 말할 수 있습니다. 이 땅 위에서 하나님의 의를 행하기 위해 마음을 먹는다면 성경은 많은 것을 제시하고 가르쳐줍니다. 그럼에도 우리가 하나님의 의를 잘 감당하지 못하는 것은 예민하지 못하고 무감각하기 때문입니다. 애쓰고 힘쓰는 것이 부족하기 때문입니다. 연약한 신앙생활임에도 이를 만족하고 있기 때문입니다. 분명한 것은 하나님의 의를 위해 살아야 할 사람들이 그리스도인입니다. 구원받은 그리스도인은 하나님의 의를 최우선으로 구하는 사람입니다.

그리스도인들에게 있어 우선순위는 분명합니다. 그것은 '먼저 하나님의 나라와 하나님의 의를 구하는 것'입니다. 누구보다도 최우선적으로 하나님의 나라와 하나님의 의를 구하며 살아야 할 존재가 바로 구원받은 그리스도인이라고 성경은 분명하게 말씀합니다. 조금은 부족하고, 조금은 연약하고, 조금은 어리석다 할지라도 하나님 앞에서 말씀을 듣고 기도하며 찬송하고 예배를 드리는 그리스도인이 되었다면 이 기준은 언제나 변함이 없습니다. 그럼에도 이 말씀들이 어렵게 느껴질 수 있습니다. 실천하기 몹시 어려울 수 있습니다. 불가능하면서도 불편한 명령일 수 있습니다. 그렇다면 불가항력적인 말씀을 성경이 요구하는 것입니까? 도저히 감당할 수 없는 말씀을 일방적으로 요구하는 것입니까? 그렇지 않습니다. 그리스도인이 되었다면 누구나 감당할 수 있는 말씀이기에 예수님께서 말씀하신 것입니다. 무엇이 정말 귀한 일인지 잠깐이라도 진지하게 생각해 본다면 결론은 분명합니다. 구원받은 그리스도인에게 있어 우선순위는 하나님의 나라와 하나님의 의를 구하는 것이 되어야 합니다.

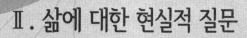

Ⅱ. 삶에 대한 현실적 질문

"그러므로 형제들아 내가 하나님의 모든 자비하심으로
너희를 권하노니 너희 몸을 하나님이 기뻐하시는
거룩한 산 제물로 드리라 이는 너희가 드릴 영적 예배니라
너희는 이 세대를 본받지 말고 오직 마음을 새롭게 함으로
변화를 받아 하나님의 선하시고 기뻐하시고
온전하신 뜻이 무엇인지 분별하도록 하라"

– 롬12:1~2

21장 · 그리스도인은 어떻게 살아야 하는가? ①

쥐들의 회식이 있었습니다. 그중 술을 못 먹는 어리버리한 쥐가 술을 잔뜩 마셨습니다. 그리고 귀가 중 고양이를 만났습니다.

"야! 고양이, 너 잘 만났다.
너 오늘 죽었어. 픅 ~ "

다른 쥐들은 지금 모두 덜덜 떨고 있는데, 그 어리버리한 쥐가 술김에 고양이에게 그러자 고양이가 너무 어이없어하며 하는 말은 이랬습니다.

"너, 술 깨면 보자! 캭!"

그러자 그 어리버리한 쥐, 이렇게 말했습니다.

"또 먹으면 되지 뭐."

그리스도인이 되었다는 것은 생각이 바뀌고, 태도가 달라졌다는 것을 말합니다. 보는 눈이 변화되었고, 말에 책임을 지며, 삶이 진지해졌다는 것을 말합니다. 이것을 달리 표현하면 멸망 받을 존재에서 구원받은 존재로 삶의 본질이 완전히 역전되었음을 말합니다. 육적 생활에서 영적 생활로 삶의 본질이 완전히 변모되었음을 말합니다. 죄인에서 의인으로 삶의 본질이 완전히 탈바꿈되었음을 말합니다(요3:5, 15:5; 고전10:31; 갈5:13~15, 22~23; 엡5:18; 빌4:4; 딤후3:16~17; 벧전1:23). 우리는 지금 너무나 의미 있는 말씀을 알아보려고 합니다. 그리스도인이 아니라면 상상할 수 없는 말씀을 살펴보려고 합니다. 구원받은 그리스도인은 어떻게 살아야 마땅하겠습니까?

자신의 몸을 하나님이 기뻐하시는 거룩한 산 제물로 드리는 것입니다.

"그러므로 형제들아 내가 하나님의 모든 자비하심으로 너희를 권하노니 너희 몸을 하나님이 기뻐하시는 산 제물로 드리라 이는 너희가 드릴 영적 예배니라"(1절)

그리스도인들은 어떤 사람들입니까? 다 함께 구원받은 사람들입니다. 예수 그리스도 안에서 하나 된 사람들입니다. 동일하게 보배로운 믿음을 가진 사람들입니다(벧후1:1). 그러므로 그리스도인들은 마땅히 몸을 산 제물로 드려야 합니다. 여기에서의 몸은 우리 인격 전체를 말합니다. 우리 자신 전체를 말합니다. 믿음의 사람인지, 믿음의 사람보다 더 못한 사람인지 헷갈리게 행동하는 그런 사람을 말하는 것이 아닙니다. 믿음의 사람으로서 자기의 몸을 산 제물로 드릴 수 있는 사람을 말합니다. 달리 표현하면 우리 인격 전체를 하나님 앞에 바치는 사람을 말합니다. 우리 자신 전체를 하나님의 처분에 내어놓는 사람을 말합니다.

"너희 몸은 너희가 하나님께로부터 받은 바 너희 가운데 계신 성령의 전인 줄을 알지 못하느냐 너희는 너희 자신의 것이 아니라 값으로 산 것이 되었으니 그런즉 너희 몸으로 하나님께 영광을 돌리라"(고전6:19~20)

"그러므로 너희는 죄가 너희 죽을 몸을 지배하지 못하게 하여 몸의 사욕에 순종하지 말고 또한 너희 지체를 불의의 무기로 죄에게 내주지 말고 오지 너희 자신을 죽은 자 가운데서 다시 살아난 자 같이 하나님께 드리며 너희 지체를 의의 무기로 하나님께 드리라"(롬6:12~13)

이와 같이 자신의 몸을 하나님이 기뻐하시는 산 제물로 드리려면 몸을 깨끗하게 잘 관리해야 합니다. 거룩한 생활을 언제나 잘 유지해야 합니다. 믿음의 삶으로 충만해야 합니다. 충성스런 일꾼으로 헌신하고 봉사하는 모습이 되어야 합니다. 이러한 흔적이 하나님이 기뻐하시는 산 제물이라 할 수 있습니다. 만약 절제되지 않는 방탕한 삶을 산다면 하나님이 기뻐하시는 산 제물이 될 수 없습니다. 염려와 걱정과 근심 가운데 찌들어 산다면 하나님이 기뻐하시는 산 제물이 될 수 없습니다. 이기적인 욕망에 지나치게 관심을 갖고 산다면 하나님이 기뻐하시는 산 제물이 될 수 없습니다. 우리의 몸을 하나님이 기뻐하시는 산 제물로 드리는 이것이 영적 예배임을 잊지 말아야 합니다. 우리의 모범되시는 예수님의 모습을 통해 우리 자신들을 점검하면 어떻겠습니까? 사도 바울은 이렇게 말합니다.

"그리스도께서 … 그는 우리를 위하여 자신을 버리사 향기로운 제물과 희생제물로 하나님께 드리셨느니라"(엡5:2)

하나님의 뜻을 분별하는 것입니다.

"너희는 이 세대를 본받지 말고 오직 마음을 새롭게 함으로 변화를 받아 하나님의 선
하시고 기뻐하시고 온전하신 뜻이 무엇인지 분별하도록 하라"(2절)

자유분방하며 자기 소견이 분명한 이 21세기에 하나님의 뜻을 분별한다
는 것은 결코 쉬운 일이 아닙니다. 더군다나 믿음으로 구원받았다는 그리
스도인들에게도 이 21세기에 하나님의 뜻을 분별하는 것은 상당히 어려운
일이 되어 버렸습니다. 그럼에도 그리스도인에게 있어 하나님의 뜻을 분별
하는 것은 대단히 소중한 일이 아닐 수 없습니다. 본문에서 말씀하시는 하
나님의 뜻은 세 가지입니다.

1) 하나님의 선하심입니다.

모든 사람들에게 적용되는 말씀입니다. 이것은 하나님이 세상을 다스리
시는 윤리적 기준을 말합니다. 사랑, 긍휼, 화평, 오래 참음 등입니다. 이러
한 하나님의 선하심이 있었기에 우리 그리스도인들에게 구원의 기회가 주
어진 것입니다. 어리석고 한심하며 이기적이고 무감각하여 하나님이 누구
신지도 모르고 살았던 나를 구원하신 것은 전적으로 하나님의 선하심이 있
었기에 가능한 일이었습니다. 하나님의 선하심이 없었다면 어찌 되었을까
를 생각하면 앞이 캄캄할 뿐입니다.

2) 하나님의 기뻐하심입니다.

하나님의 선하신 뜻이 이 땅 위에서 실현될 때 따라오는 기쁨입니다. 구원받을 때, 서로 사랑할 때, 선한 열매를 맺을 때 등입니다. 이러한 하나님의 기뻐하심이 있기에 세상은 희망이 있습니다. 가능성이 있습니다. 그리스도인으로 살아가는 데 있어 거칠 것이 없습니다. 삭막하고 광야 같은 세상살이에서 하나님의 기뻐하심이 존재한다는 것은 특별한 기회가 아닐 수 없습니다. 그리스도인으로서 하나님의 기뻐하심에 동참할 수 있는 특권은 그 어떤 것으로도 표현하기 어려운 일입니다.

3) 하나님의 온전하심입니다.

조금도 부족함이 없는 하나님의 무한성을 말합니다. 완벽하시고 모자람이 없으신 하나님을 말합니다. 이러한 말씀은 피조물에 불과하고 불완전하며 유한한 존재인 우리로서는 이해하기 어려운 말씀입니다. 우리는 다만 무한하시고 광대하신 하나님을 찬양할 뿐입니다. 하나님의 온전하심이라는 말씀 앞에서 경외감을 갖고 두렵고 떨리는 마음으로 신앙생활을 감당할 뿐입니다. 그럼에도 하나님의 온전하심에 끊임없이 귀를 기울여야 하는 것은 당연합니다.

어떻게 보면 하나님의 선하시고, 기뻐하시고, 온전하신 뜻을 분별한다는 것은 무척 어려운 말씀일 수 있습니다. 행동으로 감당하기 불편한 말씀일 수 있습니다. 그만큼 우리는 연약한 피조물에 불과하다는 것을 절감합니다. 그럼에도 성경은 하나님의 뜻을 분별할 수 있다고 말합니다. 어떻게 해야 하나님의 뜻을 분별하는 것이 가능할까요?

1) 이 세대를 본받지 않으면 가능합니다.

"너희는 이 세대를 본받지 말고"(2절상)

이 세대는 악한 이 세상을 말합니다. 과거에도 악한 세상이었고, 현재에도 악한 세상이며, 앞으로 다가올 미래에도 변함없이 이 세상은 악한 모습을 한없이 드러낼 것입니다. 악한 세상에서 악한 영향을 받으며 살아가는 그리스도인은 늘 조심해야 합니다. 그리스도인이 되었으면서도 이 세상에 마음이 뺏겨 현혹되어 살아간다면 하나님과 세상을 함께 섬기는 모습이 됩니다. 그러므로 그리스도인은 세상 유행에 민감하지 말아야 합니다. 세상 문화에 유혹받지 말아야 합니다. 세상 흐름에 연연하지 말아야 합니다. 한 마디로 이 세상을 닮아가려고 하지 말아야 합니다. 이 세상은 유혹하는 것으로 온통 가득 차 있습니다(요일2:16). 이럴 때일수록 그리스도인들에게는 믿음과 지혜가 절실히 필요합니다.

2) 오직 마음을 새롭게 함으로 변화를 받으면 가능합니다.

"오직 마음을 새롭게 함으로 변화를 받아"(2절상)

왜 마음을 새롭게 해야 할까요? 마음의 생각이 그 사람의 모든 것을 말해주기 때문입니다(잠23:7). 만물보다 거짓되고 심히 부패한 것이 마음이기 때문입니다(렘17:9). 그러므로 성경은 모든 지킬 만한 것 중에 더욱 네 마음을 지키라고 말합니다(잠4:23). 이러한 말씀들을 볼 때 그 사람을 지배하고 움직이는 것은 마음이라는 것을 분명하게 알 수 있습니다. 사람의 마음의 변화가 얼마나 중요한지 거듭 알 수 있습니다. 이처럼 마음이 새롭게 변화를 받아야 한다면 하나님을 따라 의와 진리와 거룩함으로 새 사람이 되는 방법 밖에는 없습니다(엡4:23~24). 죄의 습관, 죄된 성품, 악한 생각, 악한 행동을 버리는 삶의 완전한 전환이 있어야 가능하다는 말씀입니다. 한마디로 영적으로 새롭게 변화되어야 한다는 말씀입니다.

어느 가정에 믿음이 좋은 시어머니가 있었습니다. 소원이 있었는데 며느리에게 자식이 생기는 것이었습니다. 몇 해를 기다려도 자식이 생기지 않자 며느리를 주일마다 목사님께 데려가 기도를 받게 했습니다. 그리고 며느리에게 당부했습니다.

"며늘 아기야! 목사님이 머리에 손을 얹고 기도할 때는 반드시 믿음으로 응답해야 한다. 아멘, 해야 한다."

그런데 며느리는 소심해서 '아멘'을 못했습니다. 며느리가 하도 '아멘'을 안 하니까 옆에 있던 시어머니가 안달이 나서 대신 '아멘'을 했습니다.

"자식을 주실 줄 믿습니다. 아멘!"

놀라운 것은 얼마 후 그 기도의 응답이 시어머니에게 이루어졌다는 것입니다.

"하나님의 약속은 얼마든지 그리스도 안에서 예가 되니 그런즉 그로 말미암아 우리

가 아멘 하여 하나님께 영광을 돌리게 되느니라"(고후1:20)

이러한 '아멘'이 그리스도인으로서 자신의 몸을 하나님이 기뻐하시는 산 제물로 드리는 데 사용되었으면 좋겠습니다. 하나님의 선하시고 기뻐하시고 온전하신 뜻을 분별하는 데 쓰임 받았으면 좋겠습니다. 이것은 그리스도인의 마땅한 본분입니다. 시대가 어떻게 변하든지 이렇게 살아야 합니다. "아멘! 아멘!"

"내게 주신 은혜로 말미암아 너희 각 사람에게 말하노니
마땅히 생각할 그 이상의 생각을 품지 말고
오직 하나님께서 각 사람에게 나누어 주신 믿음의 분량대로
지혜롭게 생각하라 우리가 한 몸에 많은 지체를 가졌으나
모든 지체가 같은 기능을 가진 것이 아니니
이와 같이 우리 많은 사람이 그리스도 안에서
한 몸이 되어 서로 지체가 되었느니라"

- 롬12:3~5

22장 · 그리스도인은 어떻게 살아야 하는가? ②

백범 김구 선생은 청년 시절 과거시험에 응시했지만, 가난한 상민의 자식으로 합격될 리가 없었습니다. 좌절에 빠진 그에게 아버지는 관상쟁이가 될 것을 권면했다고 합니다. 백범은 아버지의 권면에 따라 '마의 상서'라는 관상 책을 열심히 공부했습니다. 그리고 책에서 배운 대로 자신의 얼굴을 살펴보았더니 가난과 살인, 풍파, 불안, 비명횡사할 온갖 역마살이 다 끼어 있었습니다. 관상 책의 이론대로라면 그야말로 하지하(下之下), 다시 말해 최악의 상 그 자체였다고 합니다. 그래서 '내 관상이 이 모양인데 도대체 누구의 관상을 보아 준단 말인가!'라며 한탄을 금치 못했다고 합니다. 그러다 그 책 마지막 구절이 눈에 띄었습니다.

"얼굴 잘생긴 관상(觀相)은 몸이 튼튼한 신상(身相)만 못하고, 몸이 튼튼한 신상은 마음씨 좋은 심상(心相)만 못하다. 심상이 좋으면 관상이나 신상이 좋은 것보다 낫다."

이 구절에서 용기를 얻은 백범은 어떻게 하면 심상을 좋게 기를까 고심하다가 '이 나라에 태어났으니 나라를 위해 충성을 다하자'고 결단했습니다. 그리고 결국 그는 나라의 독립과 터를 닦는데 공헌한 훌륭한 민족 지도

자로 살게 됩니다. 그리스도인들도 관상이나 신상보다 심상에 관심을 기울이고 투자하는 지혜가 있어야 합니다. 지혜로운 그리스도인은 잘생긴 얼굴보다, 건강하고 튼튼한 몸보다, 선하고 착한 마음으로 믿음을 발휘하는 사람입니다(마13:23). 이렇게 언급된 말씀들을 온몸으로 받아들이는 사람들이 그리스도인들입니다. 믿음으로 받아들이는 것을 다른 말로 은혜라고 말합니다. 받아들일 수 없는 존재였는데 받아들이게 되었으니 은혜가 아니고 무엇이겠습니까?

사도 바울은 자기 자신이 알고 배우고 느끼고 경험한 모든 것을 은혜로 여겼습니다. 하나님의 선물이라고 믿었습니다. 그래서 우리는 사도 바울을 은혜의 사람이라고 부릅니다. 그럼에도 사도 바울은 은혜를 받기 전에는 형편없는 사람이었습니다.

"내가 전에는 비방자요 박해자요 폭행자였으나 도리어 긍휼을 입은 것은 내가 믿지 아니할 때에 알지 못하고 행하였음이라"(딤전1:13)

교회 속에 아직도 사도 바울 이전의 사울 같은 사람이 있을 수 있습니다. 불신자가 있을 수 있습니다. 알지 못하면 이런 행동을 할 수 있습니다. 시간이 지나 은혜 받은 이후에는 사도 바울이 이렇게 고백합니다.

"나는 사도 중에 가장 작은 자라 나는 하나님의 교회를 박해하였으므로 사도라 칭함 받기를 감당하지 못할 자니라 그러나 내가 나 된 것은 하나님의 은혜로 된 것이니"(고전15:9~10)

그러므로 은혜가 얼마나 중요한지 모릅니다. 신앙생활도 하나님이 주신 은혜로 감당해야 합니다. 직분도 하나님이 주신 은혜로 감당해야 합니다. 삶의 걸음걸음도 하나님이 주신 은혜로 감당해야 합니다. 은혜가 있어야 눈이 밝아지고 머리가 총명해집니다. 생각이 깊어지고 행동이 달라집니다. 결국 사도 바울처럼 내가 나 된 것은 하나님의 은혜로 된 것이라고 철저하게 고백하게 됩니다. 사도 바울의 비상한 통찰력, 놀라운 분별력, 엄청난 이해력, 번뜩이는 지혜, 겸손함에서 나오는 당당함 등도 하나님의 은혜가 있었기에 가능했습니다. 더불어 사도 바울의 이방인의 사도됨, 소명의식, 엄청난 능력, 위엄 있는 권위, 훌륭한 가르침 등도 오직 하나님의 은혜의 결과였음을 잊지 말아야 합니다. 이렇게 은혜 받은 사도 바울이 그리스도인은 어떻게 살아야 한다고 말씀하고 있습니까?

믿음의 분량대로 지혜롭게 생각하며 살아야 한다고 말씀합니다.

"내게 주신 은혜로 말미암아 너희 각 사람에게 말하노니 마땅히 생각할 그 이상의 생각을 품지 말고 오직 하나님께서 각 사람에게 나누어 주신 믿음의 분량대로 지혜롭게 생각하라"(3절)

세상에서 살아가는 사람들 중에 똑같은 사람은 거의 없습니다. 물론 눈으로 볼 때 일란성 쌍둥이 같은 사람들은 외형적으로 닮아 보일 수 있습니다. 하지만 거의 대부분의 사람들은 비교적 다른 모습입니다. 얼굴, 행동, 태도, 언어사용, 삶 등이 천차만별입니다. 각각 다르고 개성이 있으며 독특합니다. 하나님께서 그렇게 분량대로 태어나게 하셨다는 말씀입니다. 이처럼 그리스도인에게도 하나님께서 각자 개개인에게 나누어주신 '믿음의 분량'이 있다고 말씀합니다. 그러므로 각자의 '믿음의 분량'이 어떠한지 점검할 필요가 있습니다(롬12:6~8).

'믿음의 분량'에 따라 믿음의 삶이 달라지기에 '믿음의 분량'에 맞게 사는 것은 어쩌면 당연한 것입니다. 그래야 어려움이나 문제가 생기지 않습니다. 그리스도인은 각자 주어진 위치에 맞게 살아야 한다는 말씀입니다. 각자 역할에 맞게 살아야 한다는 말씀입니다. 각자 분량에 맞게 살아야 한다는 말씀입니다. 정녕 지혜로운 그리스도인은 하나님께서 각 사람에게 나눠주신 믿음의 분량대로 살아가는 사람입니다. 여기에서의 믿음의 분량은 영적인 능력을 말합니다. 영적인 성향을 말합니다. 이것을 달리 표현하면 은사와 연결되는 개념입니다.

> "또 어떤 사람이 타국에 갈 때 그 종들을 불러 자기 소유를 맡김과 같으니 각각 그 재능대로 한 사람에게는 금 다섯 달란트를, 한 사람에는 두 달란트를, 한 사람에게는 한 달란트를 주고 떠났더니"(마25:14~15)

그리스도인은 영적인 능력, 영적인 성향을 하나님으로부터 받은 사람입니다. 그러므로 영적인 능력을 받은 만큼, 자신에게 귀하게 주어진 만큼 지혜롭게 판단하고 생각하는 것이 믿음의 분량입니다. '나는 누구인가?' '나는 지금 어떤 삶을 살고 있는가?' '나는 어떤 재능을 받았는가?' '나는 받은 재능을 어떻게 활용하고 있는가?' '나는 앞으로 어떻게 하나님께 영광을 돌리며 살아야 하는가?' 이렇게 깊게 생각할 때 받은 재능에 맞게 살 수 있습니다. 의미 있는 삶을 살 수 있습니다. 믿음의 분량대로 살 수 있습니다. 믿음의 분량 이상의 생각을 품는다면 그것은 허황됨이고 교만이며 혼란만 자초할 뿐입니다. 건강한 그리스도인은 믿음의 분량대로 지혜롭게 생각하며 살아가는 사람입니다.

각자가 받은 재능을 성실하게 발휘하며 살아야 한다고 말씀합니다.

"우리가 한 몸에 많은 지체를 가졌으나 모든 지체가 같은 기능을 가진 것이 아니니 (4절)

사람들은 똑같지 않습니다. 그래서 독특하고 주목의 대상이 되기도 하며 기대를 하게 됩니다. 이것이 세상을 만들어가는 원동력이라 할 수 있습니다. 만약 모든 사람이 똑같은 모습으로 똑같은 일을 하고 똑같은 행동을 한다면 얼마나 무미건조하고 삭막할지 상상이 되지 않습니다. 이런 사람들이 사는 세상은 희망이 없을 것입니다. 빛이 나지 않을 것입니다. 성숙과 발전이 없을 것입니다. 조화와 균형을 찾아볼 수 없을 것입니다. 이와 같이 믿음으로 구원받은 그리스도인도 하나같이 똑같지 않습니다. 그리스도인으로 살아가지만 개성이 다르고 체험이 다릅니다. 직분이 다르고 보는 시각이 다릅니다. 삶이 다르고 은사가 다릅니다. 각각 다르기에 성숙과 발전을 기대하게 됩니다. 조화와 균형에 관심을 갖게 됩니다. 기쁨과 감격을 노래하게 됩니다. 이러한 일들을 은혜라고 말합니다. 은혜가 아니고는 표현할 방법이 없습니다.

"우리 각 사람에게 그리스도의 선물의 분량대로 은혜를 주셨나니"(엡4:7)

본문은 '몸'에 대해 말씀하고 있는데 우리의 몸을 통해 보다 정확하게 본문의 의미를 깊이 있게 알 수 있습니다. 예를 들어 보겠습니다. 몸은 서로서로 연결된 연합체입니다. 연결되지 않았다면 살아있는 몸이라 할 수 없습니다. 몸은 다양한 지체를 가진 공동체입니다. 특징과 특색이 있는 지체가 모여 있기에 활기차고 아름다운 모습을 보여줍니다. 몸의 지체들은 각기 중요한 역할을 감당하는 핵심체입니다. 각자의 역할이 있기에 건강한 몸을 유지합니다. 몸에 있는 각 지체들은 몸 전체를 위해 쓰임 받는 헌신체입니다. 각자 감당해야 할 일들이 전체적으로 보면 헌신하는 것이 됩니다. 몸의 지체들이 불균형을 이루면 몸 전체에 지대한 영향을 미치는 허약체가 됩니다. 균형과 조화가 깨지는 몸은 병든 상태가 되어 고통스럽게 됩니다. 그러므로 몸의 모든 지체가 하나같이 모두 매우 중요합니다. 몸은 하나의 통일성을 갖고 있으면서 또한 엄청난 다양성도 갖고 있습니다.

"몸은 하나인데 많은 지체가 있고 몸의 지체가 많으나 한 몸임과 같이"(고전12:12)

우리는 믿음으로 구원받은 그리스도인으로서 다양함 속에서 영광스러움을 보여 주어야 합니다. 각기 다른 특징과 개성에서 통일성을 보여주어야 합니다. 각자에게 주어진 다양한 재능을 묻어두는 것이 아니라 발휘해야 할 사명이 있습니다. 신앙생활 속에서 이러한 다양한 재능들이 발휘된다면, 건강하고 건전한 모습으로 아름답게 드러난다면 세상은 그리스도인들의 재능으로 말미암아 더 활기차고 더 살기 좋은 아름다운 곳이 되지 않겠습니까? 그리스도인은 함께 구원받은 지체이지만 각자가 해야 할 일은 다르다는 것을 알아야 합니다. 그러므로 각자 주어진 재능을 성실하게 감당하며 발휘해야 합니다.

그리스도인들은 그리스도 안에서 하나가 되었습니다. 믿음으로 구원받은 한 몸이 되었습니다. 각기 다른 재능과 역할이 있지만 그리스도 안에서 하나가 되었습니다. 또한 그리스도 안에서 지체가 연합되었다는 것도 알아야 합니다. '뭉치면 살고 흩어지면 죽는다'는 말이 있듯이 연합된 지체들이 하나로 모여 살아 있는 생명력을 발휘하는 공동체가 되었습니다.

> "이와 같이 우리 많은 사람이 그리스도 안에서 한 몸이 되어 서로 지체가 되었느니라"(5절)

하나님께서 각각의 사람들에게 각각 다른 은사를 주신 것은 겸손함으로 서로 협력하고 하나 되어 먼저는 하나님께 영광을 돌리는 삶을 살게 하기 위함입니다. 그리고 믿음의 삶을 발휘하여 세상에서 빛과 소금의 역할을 감당하게 하기 위함입니다. 다시 한 번 묻고 싶습니다. 그리스도인은 어떻게 살아야 합니까? 우선적으로 믿음의 분량대로 지혜롭게 생각하며 살아야 합니다. 다음으로 각자가 받은 재능을 성실하게 발휘하며 살아야 합니다.

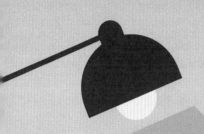

"우리에게 주신 은혜대로 받은 은사가 각각 다르니
혹 예언이면 믿음의 분수대로, 혹 섬기는 일이면 섬기는 일로,
혹 가르치는 자면 가르치는 일로, 혹 위로하는 자면 위로하는 일로,
구제하는 자는 성실함으로, 다스리는 자는 부지런함으로,
긍휼을 베푸는 자는 즐거움으로 할 것이니라"

– 롬12:6~8

23장 · 그리스도인은 어떻게 살아야 하는가? ③

"돼지에게 노래를 가르치지 말라"는 격언이 있습니다. 왜냐하면 돼지도 힘들고, 그 노래를 듣는 사람도 힘들기 때문입니다. 하나님께서 만물을 지으실 때 돼지에게는 노래의 재능을 주시지 않았기 때문입니다. 그렇다면 인간은 어떨까요? 인간은 수많은 각양각색의 재능을 받았습니다. 그 재능을 통해 자신도 보람을 얻고, 다른 사람도 필요를 도움 받을 수 있는 것입니다. 그래서 적성검사를 통해 자신의 재능을 발견하는 일은 대단히 중요합니다. 왜냐하면 너무나 많은 사람들이 돼지에게 노래를 가르치듯 엉뚱한 곳에 시간과 물질을 쏟아 붓기 때문입니다. 이런 사람들은 대부분 인생을 망치고 맙니다.

조기 교육은 없는 재능을 만드는 것이 아니라 잠재되어 있는 재능을 계발하는 것입니다. 모차르트에게 과학을 가르치는 것은 어리석은 일입니다. 에디슨에게 미술을 가르치는 것은 어리석은 일입니다. 피카소에게 음악을 가르치는 것은 어리석은 일입니다. 김연아에게 수영을 가르치는 것은 어리석은 일입니다. 손흥민에게 배구를 가르치는 것은 어리석은 일입니다. 이러한 것을 일반적으로는 재능이라고 말하고 신앙적으로는 은사(恩賜)라고 말합니다. 이와 같이 그리스도인에게도 다양한 은사가 주어졌습니다. 그러므로 그리스도인은 주어진 은사에 따라 살아야 합니다. 이것이 그리스도인으로서 이 땅 위에서 은혜롭게 살아가는 방법입니다.

은사란 무엇입니까?

하나님의 성령께서 각 사람에게 주신 영적 선물입니다. 믿음으로 구원받아 그리스도인이 된 사람들에게 각자 신앙의 발전과 성숙을 위해, 그리고 동시에 교회 지체들의 영적 유익과 교회의 영적 생명력을 위해 하나님의 성령께서 나누어 주신 것입니다.

> "이 모든 일은 같은 한 성령이 행하사 그의 뜻대로 각 사람에게 나누어 주시는 것이니라"(고전12:11)
> "오직 하나님께서 각 사람에게 나누어 주신 믿음의 분량대로 지혜롭게 생각하라"(롬12:3)

은사는 어떤 것들이 있습니까?

먼저 기적적인 은사가 있습니다. 믿음, 예언, 영 분별, 능력 행함, 병 고침, 방언, 방언 통역 등입니다. 또한 구별된 은사가 있습니다. 사도, 선지자, 교사, 목사, 복음 전하는 것, 가르치는 것 등입니다. 그리고 생활과 관련된 은사가 있습니다. 섬기는 것, 다스리는 것, 위로하는 것, 긍휼을 베푸는 것, 서로 돕는 것 등입니다. 이러한 다양한 은사들이 성경에 서로 교차적으로 소개되어 있습니다(롬12:6~8; 고전12:8~11, 28~30; 엡4:11~12). 이렇게 소개된 것 외에도 다양한 은사들이 존재합니다. 기도하는 것, 찬양하는 것, 말씀을 외우는 것, 상냥한 것, 정리정돈 잘 하는 것 등입니다. 한편 성경은 분명하게 기억해야 하고 알아야 할 대표적인 은사를 중심으로 언급하고 있습니다. 이러한 배경을 생각하면서 성경을 이해한다면 좀 더 많은 도움이 될 수 있습니다.

은사에 대해 기억하고 생각해야 하는 것은 무엇입니까?

1) 각 사람에게 가장 필요하고 합당한 선물이라는 것입니다(롬12:3,6).

은사는 사모하는 것입니다(고전12:31). 더욱 더 큰 은사를 사모할 때 가장 좋은 길을 보여주시겠다고 말씀합니다. 이러한 은사를 받았다면 겸손하게 자신의 신앙과 교회의 유익을 위해 적극적으로 사용되어야 합니다. 오로지 하나님의 영광을 위해 활용되어야 합니다. 사사로운 욕심이나 세상적인 과시를 위해 하나님이 주신 은사를 사용해서는 안 됩니다. 하나님이 주신 은사는 자기 자신에게 가장 중요하고 가장 알맞으며 가장 적합하기에 귀하게 사용한다면 놀라운 유익이 있습니다.

2) 받은 은사에 대해 항상 귀하게 여겨야 한다는 것입니다(고전12:14~19).

받은 은사를 귀하게 여기지 않고, 받지 않은 은사를 추구한다면 불행하고 안타까울 뿐입니다. 각자에게 주어진 은사는 의미가 있고 합당한 것이기에 감사함으로 사용한다면 자연스럽게 즐겁고 기쁜 일들이 넘치게 됩니다. 이는 자신의 은사를 받아들이고 활용할 때 생기는 자연스러운 현상입니다. 자신이 받은 은사를 인정하고 또한 가치를 알아야 하며 이를 합당하게 잘 사용할 때 조화와 균형 그리고 발전과 성숙이 있게 됩니다.

3) 은사는 하나님의 성령께서 주신 것이기에 우리는 할 말이 없다는 것입니다 (롬12:3; 고전12:11).

은사는 각자가 다 다릅니다. 그래서 각 사람들은 서로서로 돕고 보완할 수 있습니다. 부족한 점은 도와주고 채워줄 수 있습니다. 그리스도인들이 은사를 받은 것은 궁극적으로는 하나님께 영광을 돌리는 것이지만 한편으로는 그리스도인들이 서로서로 협력하고 서로서로 힘이 되는 것입니다(고전12:12~31). 따라서 받은 은사가 있다면 먼저는 하나님께 감사하고 잘 활용할 일이지만 받지 않은 은사가 있다면 하나님의 뜻에 순복하고 받아들여야 합니다. 은사는 하나님께서 주셔야 받는 것이기에 할 말이 있을 수 없습니다.

본문에서는 어떤 은사를 말씀하고 있습니까? 그것은 구체적으로 무엇입니까?

1) 예언의 은사입니다.

"우리에게 주신 은혜대로 받은 은사가 각각 다르니 혹 예언이면 믿음의 분수대로"(6절)

예언이란 '하나님으로부터 주어진 특별한 계시'를 말합니다(행1:2, 11:28, 13:2, 16:6). 이러한 예언을 말할 때에는 믿음의 분수대로 해야 합니다. 너무 과장하거나, 선을 넘어선다거나 하는 일이 없어야 합니다. 자신의 믿음의 한계 안에서 감당해야 한다는 것입니다. 품위가 있는지, 질서가 있는지를 보면 진짜 예언인지 가짜 예언인지 구별할 수 있습니다(고전 14:39~40).

2) 섬기는 은사입니다.

"혹 섬기는 일이면 섬기는 일로"(7절상)

섬기는 일이란 '어떤 사람에 대한 개인적인 봉사로 행해지는 사역'을 가리킵니다. 말씀을 전하는 일(행6:4), 화목케 하는 일(고후5:18), 음식을 준비하는 일(눅10:40) 등입니다. 오늘날로 보면 찬양인도, 꽃꽂이, 주보안내, 교회청소, 주차장 안내 등입니다. 교회의 집사 직분이 바로 여기에 해당되는 은사라고 보면 될 것 같습니다. 초대교회의 집사직분이 이와 같았습니다(딤전3:13).

3) 가르치는 은사입니다.

"혹 가르치는 자면 가르치는 일로"(7절하)

가르치는 일이란 '기록된 계시의 말씀을 체계적으로 해석하여 다른 사람에게 전달하는 역할'을 말합니다. 이 은사는 초대교회의 교사들이 주로 감당했던 것으로 이들을 통해 공동체가 견고해지고 계속적으로 양육되었음을 알 수 있습니다. '사도'와는 구분되는 직분이었습니다. 가르치는 은사가 있다면 귀하게 활용해야 합니다(딤전4:11,16).

4) 위로의 은사입니다.

"혹 위로하는 자면 위로하는 말로"(8절상)

위로의 은사는 가르치는 은사와는 친밀하고 가까운 은사입니다. 교회 생활을 할 때에 교제 속에서 활용되었던 은사입니다. 선포된 말씀이 생활 가운데 적용되도록 도움을 주고, 말씀을 따라 살아야 할 것을 권면하는 역할을 말합니다. 이러한 위로의 은사를 받은 사람은 다른 그리스도인의 형편과 처지를 잘 아는 융통성이 있어야 합니다. 그리고 애틋한 사랑이 마음 깊이 있어야 합니다(행16:40).

5) 구제하는 은사입니다.

"구제하는 자는 성실함으로"(8절중)

구제하는 자란 '개인적으로 자선을 베푸는 사람'을 말합니다. 어려운 사람을 스스로 자원해서 돕고 친절을 베풉니다. 형편과 처지가 가난하여 깊은 절망과 한숨만 쉬는 사람들을 기꺼이 보살핍니다. 안타까운 마음을 가지고 행동으로 필요를 채웁니다. 구제하는 사람은 물질을 어떻게 쓰는 것이 의미 있는 것인 줄 너무나 잘 아는 사람이 가질 수 있는 은사입니다. 이런 사람은 사랑이 풍부하고 마음이 넓어 거리낌이 없으며 필요하다고 느끼면 넉넉하게 쓸 줄 아는 성실한 사람입니다(행10:2).

6) 다스리는 은사입니다.

"다스리는 자는 부지런함으로"(8절중)

다스리는 자는 '목사, 감독, 장로 등으로 교회의 영적 지도자'를 말합니다. 이들은 교회의 운영과 방향 그리고 제반 상황에 대한 여러 가지 책임을 맡았기에 부지런함이 필요조건입니다. 어느 지도자이든지 한결같이 요구되는 것은 부지런함입니다. 그런데 하나같이 지도자들은 이러한 부지런함을 공통적으로 가지고 있습니다. 부지런함은 영적 지도자에게 필요한 요소이자 자극이 아닐 수 없습니다(삼12:24).

7) 긍휼의 은사입니다.

"긍휼을 베푸는 자는 즐거움으로 할 것이니라"(8절하)

긍휼을 베푸는 자란 '물질적인 것으로 돕는 것이 아니라 힘들고 어려운 사람들에게 안타까운 마음을 갖고 행동으로 헌신하는 사람'을 말합니다. 구제하는 은사가 물질을 써야 하는 은사라면 긍휼의 은사는 직접 몸으로 희생하며 돕는 은사라 할 수 있습니다. 초대교회는 어려움에 처한 사람들에게 관심을 기울이고 찾아가 도움의 손길을 베푸는 긍휼을 미덕으로 생각했습니다. 이러한 긍휼의 은사를 발휘하려면 즐거움이 당연히 있어야 합니다(골3:12).

그리스도인은 은사 받은 대로 살아야 합니다. 자신의 은사가 무엇인지 잘 발견하여 하나님과 교회와 그리스도인들 앞에서 쓰임 받아야 합니다. 은사는 하나님으로부터 받은 것이기에 일찍 발견하고 일찍 계발하여 하나님 앞에서 아름다운 열매의 흔적을 남기는 것이 중요합니다. 받은 은사를 마음 깊이 감사하고, 다른 사람이 받은 은사를 존중해야 합니다. 받은 은사는 자신과 교회에 유익이 되어야 하고, 하나님께 영광이 되어야 합니다. 받은 은사는 최대한 활용되어야 하고, 하나님 나라 확장에 마음껏 쓰임 받아야 합니다. 그것이 바로 받은 은사대로 꾸준하게 발휘하며 살아가는 길입니다(6절상). 그리스도인으로 살아가는 것이 한편으로는 특별하고 영광스러운 일이지만 한편으로는 책임감과 부담감도 있기에 억지로가 아닌 기쁨과 즐거움으로 그리스도인의 삶을 살아간다면 말할 수 없을 정도의 복이 있지 않겠습니까?

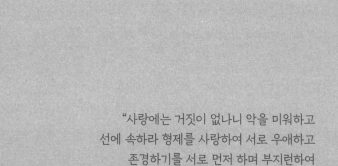

"사랑에는 거짓이 없나니 악을 미워하고
선에 속하라 형제를 사랑하여 서로 우애하고
존경하기를 서로 먼저 하며 부지런하여
게으르지 말고 열심을 품고 주를 섬기라"

- 롬12:9~11

24장 · 그리스도인은 어떻게 살아야 하는가? ④

전라북도 김제시 금산면에 1905년에 설립된 금산교회가 있습니다. 2023년 현재 118년 역사와 ㄱ자 교회로 알려진 금산교회 예배당에는 조덕삼 장로와 이자익 목사의 사진이 걸려 있습니다. 이들은 양반과 상놈이라는 봉건적 유교문화를 뛰어넘는 감동적인 이야기를 만들어 낸 귀한 분들입니다.

조덕삼은 지역의 유지였고, 1904년 테이트(L. B. Tate) 선교사를 통해 예수님을 영접했습니다. 이와 함께 복음을 받아들인 그의 사랑채에서부터 금산교회가 시작되었습니다. 이자익은 남해에서 태어났지만 일찍이 부모가 돌아가셨고, 17세에 허기진 배를 채우기 위해 고향을 떠나왔다가 조덕삼을 만나 그의 집에서 마부로 일하던 머슴이었습니다. 조덕삼은 이자익을 마부로 일하도록 도왔을 뿐 아니라 학업과 신앙생활을 하도록 선처했습니다.

세월이 흘러 금산교회는 장로 장립투표를 하게 되었고 이 두 사람이 후보에 올랐습니다. 신분의 양극화가 뚜렷했던 시대에 주인과 머슴이 경쟁한다는 것은 상상할 수 없는 일이었지만 마부 이자익이 장로로 선출되었습니다. 이때 성도들은 술렁이기 시작했고 술렁이는 성도들을 향해 조덕삼은 이렇게 말합니다.

"우리 금산교회 성도들이 참으로 훌륭한 일을 해냈습니다. 이자익 영수가 저보다 더 열심히 합니다. 사랑하는 성도 여러분, 이자익 장로님을 모시고 앞으로 잘해 봅시다."

조덕삼은 자신의 머슴을 장로로 섬겼을 뿐만 아니라 그가 평양에서 신학을 공부할 수 있도록 지원하였고 목사안수를 받은 그를 금산교회 담임목사로 청빙하기까지 했습니다. 이것이 믿음이고 사랑 아니겠습니까? 예수님의 마음이고 사랑 아니겠습니까? 그리스도인이 어떻게 살아야 하는지를 보여주는 모습 아니겠습니까? 본문은 그리스도인이 어떻게 살아야 하는지 설명하는 말씀입니다. 어떻게 살아야 합니까?

그리스도인은 거짓 없는 사랑을 해야 합니다.

"사랑에는 거짓이 없나니 악을 미워하고 선에 속하라"(9절)

사랑이라는 말을 많이 하고 사랑한다는 말을 많이 듣는 세상이지만 정말 거짓 없는 사랑을 얼마나 할지 의심스러운 시대를 우리는 살고 있습니다. 거짓 사랑이 난무하고, 거짓 사랑으로 눈물짓고, 거짓 사랑 앞에서 절망하는 시대 속에서 그리스도인들을 향해 성경은 거짓 없는 사랑을 말씀합니다. 특별히 현대를 살아가는 구원받은 그리스도인들을 향해 더욱더 진지하게 말입니다. 그리스도인들에게 사랑이 있어야 한다는 말씀은 너무나 잘 알고, 너무나 많이 들었던 말씀입니다. 그럼에도 한편으로는 너무나 실천하기 어려운 말씀이기도 합니다.

본문에서 말씀하시는 '사랑'은 헌신적인 사랑, 희생적인 사랑을 말합니다. 다시 말해 마음에서 우러나오는 깨끗하고 순전한 사랑을 말합니다. '거짓이 없다'는 말은 위선적이거나 가식적인 것이 없다는 말입니다. 솔직담백하고 감추는 것이 없는 투명한 상태를 말합니다. '악을 미워하고'라는 말은 마음속에 품은 은밀한 증오가 아니라 밖으로 표현된 증오를 말합니다. 악을 멀리하고 가까이하지 않겠다는 마음의 상태를 말합니다. '선에 속하라'는 말은 적극적인 행동의 자세를 말합니다. 마음에 품은 것을 행동으로 보여주는 역할을 말합니다.

이렇듯 거짓 없는 사랑을 한다는 것이 세상 속에서 얼마나 어려운 것인지 알 수 있습니다. 악을 미워하고 선에 속하면서 거짓 없는 사랑을 한다는 것은 불가능한 일인지도 모릅니다. 하지만 구원받은 그리스도인이라면 이렇게 살아야 한다고 성경은 말씀합니다. 한마디로 그리스도인은 거짓 없는 순수한 사랑을 해야 한다는 말씀입니다. 이 말씀은 그리스도인이 어떻게 살아야 할지를 완벽하게, 아름답게, 핵심적으로 표현하고 있는 장면입니다. 그리스도인에게 이런 삶이 계속 지속된다면 바로 이것이 주안에서 복된 삶이 아니고 무엇이겠습니까? 이처럼 그리스도인은 사랑을 떠나서는 그리스도인의 삶이 완전할 수 없다는 것을 발견합니다.

> "남을 사랑하는 자는 율법을 다 이루었느니라 …사랑은 이웃에게 악을 행하지 아니하나니 그러므로 사랑은 율법의 완성이니라"(롬13:8~10)

거짓 없는 진정한 사랑은 고린도전서 13장처럼 언제나 마음을 다해 행동으로 보여주는 사랑입니다. 약하고 힘없는 것이 아니라 매우 강한 사랑입니다. 관심을 갖고 기다리는 사랑입니다. 희생할 줄 아는 사랑입니다. 조금씩 조금씩 이루어가는 사랑입니다. 약속을 온전히 지키는 사랑입니다. 속이지 않는 사랑입니다. 변덕을 부리지 않는 사랑입니다. 믿어주고 참아주는 사랑입니다. 오래도록 길게 가는 사랑입니다. 진정한 사랑으로 충만하면 그리스도인들이 악을 미워하고 선에 속할 수 있습니다. 문제는 거짓 없는 사랑이 있느냐 하는 것입니다.

그리스도인은 형제에 대해 서로 먼저 우애하고 존경해야 합니다.

"형제를 사랑하여 서로 우애하고 존경하기를 서로 먼저 하며"(10절)

"서로 먼저"라는 말씀은 얼마나 좋은 말입니까? 얼마나 아름다운 말입니까? 얼마나 앞서가는 말입니까? 서로 먼저 하는 것이 사랑입니다. 진정한 사랑입니다. 그리스도인이라면 서로 먼저 사랑하는 것이 당연한 일입니다. 마땅히 그렇게 해야 할 일입니다. '서로 먼저 사랑 합시다' '서로 먼저 존경 합시다' '서로 먼저 아껴줍시다' 그리스도인들은 서로 서로가 지체임을 명심해야 합니다(롬12:4~5). 그러므로 그리스도인들은 가족과 같은 친밀한 사랑으로 서로 먼저 섬겨야 합니다. 이 세상에서 가족보다 더 귀하고 더 소중하고 더 자랑스러운 것은 없지 않습니까?

그러므로 그리스도인들은 한 피를 나눈 형제처럼 믿음 안에서 서로 먼저 우애하고 존경하며 사랑해야 합니다. 우리는 다시 한 번 이 말씀 앞에서 진지해져야 합니다. '나는 이 말씀대로 살아가고 있는가?' '나는 이 말씀을 얼마나 실천했는가?' '나는 이 말씀으로 인해 몸부림친 적은 있는가?' 사도 바울은 강력하게 이렇게 말씀합니다.

> "만일 한 지체가 고통을 받으면 모든 지체가 함께 고통을 받고 한 지체가 영광을 얻으면 모든 지체가 함께 즐거워하느니라"(고전12:26)

그리스도인은 언제나 한 가족으로 의식하고 살아가기에 서로 함께 고통을 받고, 서로 함께 기뻐하는 것입니다. 사도 바울은 말합니다. 구원받은 그리스도인들은 하나같이 모두 다 하나님의 가족이라고 말입니다.

> "그러므로 이제부터 너희는 외인도 아니요 나그네도 아니요 오직 성도들과 동일한 시민이요 하나님의 권속(가족)이라"(엡2:19)

그리스도인들은 하나님의 가족이기에 형제에 대해 서로 먼저 존중하는 마음이 있어야 합니다(롬12:10). 겸손한 마음으로 상대방을 낮게 여겨야 합니다(빌2:3). 무례히 행동하는 태도는 삼가야 합니다(고전13:5). 교회 공동체를 달리 표현하면 하나님 가족 공동체입니다. 그러므로 구원받은 그리스도인들이 가족처럼 서로 먼저 사랑하고 존경하는 모습을 보여주는 곳이 바로 교회 공동체입니다. 구원받은 그리스도인이라면 이런 모습을 보여줘야 합니다.

그리스도인은 주님을 섬길 때 부지런하고 열정적이어야 합니다.

"부지런하여 게으르지 말고 열심을 품고 주를 섬기라"(11절)

세상살이 속에서 부지런함은 귀한 자산입니다. 부지런하면 여러 가지 긍정적인 일들이 많이 생기지만 게으르면 부정적인 일들만 생길 뿐입니다. 뜻을 세워 살기를 작정한 사람들은 대부분 부지런한 사람들입니다. 부지런함을 타고 났든지, 타고나지 못했든지 상관없이 부지런한 습관을 갖고 있습니다. 어떤 일을 할 때 부지런함은 큰 강점과 장점이 될 수 있기 때문입니다. 많은 사람들이 불리한 환경과 약점을 가지고 태어났음에도 귀한 흔적과 업적을 남기는 배경에는 부지런함이 자리하고 있음을 발견합니다. 사람에게 주어진 불리한 조건과 약점이 오히려 부지런함으로 인해 극복되는 것을 볼 때 부지런함은 기회이자 가치임을 새삼 느끼게 됩니다.

이렇듯 부지런함은 그리스도인에게도 온전하게 적용될 수 있습니다. 세상살이 속에서 부지런함이 귀한 자산이듯이 믿음으로 살아가는 그리스도인들에게도 부지런함은 귀한 자산이 되기 때문입니다. 하나님의 은혜로 구원받은 그리스도인이 되면 부지런하게 됩니다. 그것은 거듭난 존재, 새로운 피조물이 되었기에 가능한 일입니다. 어떻게 살아야 할지 기준이 분명하게 되면 자연스럽게 나타나는 일입니다. 이렇게 그리스도인은 당연히 부지런하게 되고, 열정적인 삶을 살 수밖에 없습니다. 보는 눈, 듣는 귀, 하는 말이 달라지기에 삶의 기준과 태도도 달라지는 것이 당연합니다. 여기에 중심을 차지하는 것이 부지런함입니다. 그것도 주님을 받들고 섬기는 일에 부지런함이 빛을 발휘하게 됩니다.

본문에 등장하는 '게으르다'는 말은 나태하고 느슨해져 있는 상태를 말합니다. 일 처리를 건성으로 하는 것을 말합니다. 마땅히 해야 할 일에 대해 능장을 부리거나 지연시키는 태도를 말합니다. 이렇듯 '게으르다'는 말은 자신에게 부여된 영적 사명을 온전하게 감당하지 못하는 사람들을 일컫는 말입니다. 이런 사람들은 심판받을 때에 엄청난 충격을 받게 됩니다.

"악하고 게으른 종아 … 이 무익한 종을 바깥 어두운 데로 내쫓으라 거기서 슬피 울며 이를 갈리라 하니라"(마25:26, 30)

그러므로 신앙생활에는 부지런함이 절대적으로 요구됩니다. 부지런하면 긍정적인 결과가 나타나기 때문입니다. 생기가 돌고 활력이 넘치게 됩니다. 목표가 분명해지고 목표를 향해 달려가게 됩니다. 자신감이 넘치게 되고 주님만 바라보게 됩니다. 이와 함께 그리스도인은 또한 열심을 품고 주를 섬겨야 합니다. 사도 바울은 이렇게 강조합니다.

"우리가 그를 전파하여 각 사람을 권하고 모든 지혜로 각 사람을 가르침은 각 사람을 그리스도 안에서 완전한 자로 세우려 함이니 이를 위하여 나도 내 속에서 능력으로 역사하시는 이의 역사를 따라 힘을 다하여 수고하노라"(골1:28~29)

사도 바울은 그리스도인들이 최선을 다하고 노력해야 할 것을 언급하며 이렇게 표현합니다. '각 사람을 권하고' '각 사람을 가르침은' '힘을 다하여 수고하노라' 부지런하여 게으르지 말고 열심을 품고 주를 섬기는 것은 그리스도인들이 이 땅 위에서 보여주어야 할 마땅한 행동입니다. 이렇게 살아가는 것이 그리스도인의 삶입니다. 가슴에 불을 안고 있는 것처럼 열정적인 마음으로 성령 충만한 모습이 열심을 품고 주를 섬기는 모습입니다.

할아버지와 손자가 미국의 9.11 테러 사건에 대해 토론을 했습니다. 손자가 이렇게 말했습니다.

"할아버지, 할아버지 제 마음 속에 두 마리의 늑대가 싸움질을 해요. 하나는 분노에 가득 차 오직 복수만 원해요. 다른 하나는 사랑하고 용서하려고 해요. 누가 이길까요?"

이에 대해 할아버지는 이렇게 말합니다.

"네가 누구에게 먹이를 주느냐에 달려 있지."

복수에게 먹이를 주느냐, 아니면 사랑(용서)에게 먹이를 주느냐에 따라 상황이 달라진다는 말입니다. 이 대화가 그리스도인으로서 어떻게 살아야 할지에 대한 자기 성찰이 되어야 합니다. 그리스도인의 삶에 진지한 물음이 되어야 합니다. 나는 지금 누구에게 먹이를 주고 있는가? 나는 지금 어떻게 살아가고 있는가? 거짓 없는 사랑을 하고 있는지, 형제에 대해 서로 먼저 우애하고 존경하는지, 주님을 섬길 때 부지런하고 열정적인지 돌아볼 일입니다.

"소망 중에 즐거워하며
환난 중에 참으며 기도에 항상 힘쓰며
성도들의 쓸 것을 공급하며 손 대접하기를 힘쓰라"

– 롬12:12~13

25장 · 그리스도인은 어떻게 살아야 하는가? ⑤

　유명한 성경 주석가인 윌리엄 바클레이(William Barclay, 1907~1978)가 남긴 이야기입니다. 우리가 세상에서 살아갈 때 많은 것을 잃어버리게 되지만 결코 잃지 말아야 할 것이 세 가지 있다고 합니다. 그것은 '참을성'과 '이성' 그리고 '소망'이라는 것입니다. 어떤 어려운 경우라도 참을성을 잃어버리면 우리는 결국 후회하게 됩니다. 성결한 삶을 함께 살아가던 쿰란 공동체에 들어갈 수 있는 중요한 조건이 참을성이었다고 합니다. 참을성은 공동체 안에서 조화롭게 사는 필수조건이기 때문입니다. 또한 바클레이는 하나님이 주신 이성을 잘 간직해야 인간답게 살 수 있다고 했습니다. 특별히 오늘날과 같은 혼란스러운 세상에서는 명료한 이성이 큰 자산입니다. 이성은 옳고 그름을 분별할 수 있는 능력이기 때문입니다. 그러나 우리가 결코 잃어버리지 말아야 할 것 중 하나가 소망입니다. 참을성과 이성도 잃지 말아야 하지만 그것들로는 구원을 받을 수 없기 때문입니다.

　　"우리가 소망으로 구원을 얻었으매 보이는 소망이 소망이 아니니 보는 것을 누가
　　바라리요"(롬8:24)

　윌리엄 바클레이가 그리스도인은 어떻게 살아야 하는지를 참을성, 이성.

소망이라는 시각으로 강조했다면 본문은 좀 더 구체적으로 그리스도인은 어떻게 살아야 하는지를 강조합니다. 그리스도인들이 어떻게 살아야 하는지 크게 두 가지 모습을 보여줍니다. 하나는 12절에 소개되고 있는 내적인 신앙생활의 모습이고, 또 하나는 13절에 소개되고 있는 외적인 신앙생활의 모습입니다. 내적인 신앙생활과 외적인 신앙생활의 양면성을 함께 갖출 수 있다면 얼마나 좋겠습니까? 이렇게 될 때 균형 잡히고 조화로운 그리스도인이라고 말할 것입니다. 온전하고 건강한 그리스도인이라고 말할 것입니다. 내적인 신앙생활과 외적인 신앙생활이 무엇인지 살펴보면 그리스도인이 어떻게 살아야 하는지 알 수 있습니다. 그것은 무엇입니까?

내적인 신앙생활

"소망 중에 즐거워하며 환난 중에 참으며 기도에 항상 힘쓰며"(12절)

1) '소망 중에 즐거워하며'

그리스도인에게 반드시 있어야 할 덕목이 있습니다. 그것은 믿음, 소망, 사랑입니다(고전13:13). 믿음, 소망, 사랑은 그리스도인들이 지향해야 할 덕목이기도 합니다. 로마서 12장은 3절에서 '믿음'을 강조합니다. "믿음의 분량대로 지혜롭게 생각하라" 9절에서는 '사랑'을 보여줍니다. "사랑에는 거짓이 없나니" 그리고 본문 12절에서 '소망'을 말씀합니다. 따라서 로마서 12장은 또 다른 시각으로 볼 때 믿음, 소망, 사랑을 강조하고 있는 말씀입니다.

그리스도인에게 있어 소망은 애틋하면서도 위대한 것입니다. 이러한 소망으로 인해 삶이 달라집니다. 소망으로 계속 살면 또 다른 소망을 낳습니다. 소망은 소망으로 이어지고 소망이 결국 건강하고 성숙한 그리스도인이 되게 합니다. 본문에서 소망은 이런 소망입니다. 먼저 하나님의 자녀로서 하나님의 영광을 바라고 즐거워하는 소망입니다(롬5:2). 그리고 앞으로 이루어질 부활, 천국, 영원한 삶 등에 대한 소망입니다(롬8:25). 이러므로 그리스도인은 소망 중에 기뻐할 수 있습니다. 그리스도인이 소망 중에 기뻐할 수 있는 것은 그리스도인의 특권입니다. 세상에서 소망 중에 기뻐할 수 있는 이들은 그리스도인 외에는 없습니다.

"이는 소망 없는 다른 이와 같이 슬퍼하지 않게 하려 함이라"(살전4:13)

믿음이 없는 불신자들은 잠자는 자들이기에(살전4:13상) 소망 중에 기뻐할 수 없습니다. 소망 중에 기뻐한다는 것을 이해할 수도 없습니다. 소망 중에 기뻐한다는 것에 대해 관심도 없습니다. 그러므로 그리스도인들은 소망 중에 즐거워할 수 있기에 한결같이 깨끗하게 살아야 합니다.

"주를 향하여 이 소망을 가진 자마다 … 자기를 깨끗하게 하느니라"(요일3:3)

2) '환난 중에 참으며'

환난이라는 말은 근심과 재난을 의미합니다. 다시 말해 어떤 어려운 일들이 무겁게 내리누르면서 거의 부서트릴 정도까지 압박하는 것을 말합니다. 따라서 환난은 여러 모습과 모양으로 찾아옵니다. 먼저 환경을 통해 찾아옵니다. 전쟁, 전염병, 홍수, 가뭄, 지진, 태풍, 폭설 등입니다. 그리고 사람을 통해 찾아옵니다. 욕심, 사기, 실패, 집착, 못된 행실, 이간질, 헛소문 등입니다. 마지막으로 신앙을 통해 찾아옵니다. 믿음으로 살 때, 전도할 때, 예배드릴 때 헌신할 때 등입니다. 환난을 좋아할 사람은 아무도 없습니다. 그러므로 환난을 늘 대비하며 살아야 하고 환난에 대해 경각심을 언제 어디서나 가져야 합니다.

환난은 그리스도인들을 힘들게 하는 것 중에 하나임에는 분명합니다. 그럼에도 환난이 그리스도인들에게 다가왔을 때 놀라지 말아야 합니다. 흔들리지 말아야 합니다. 입술로 범죄 하지 말아야 합니다. 왜냐하면 예수 그리스도께서 세상을 이기셨기 때문입니다(요16:33). 환난은 인내를 낳기 때문입니다(롬5:3~4). 조금도 부족함이 없게 하기 위한 과정이기 때문입니다(약1:2~4). 그리스도인들에게 환난은 반드시 있음을 알아야 합니다. 그러므로 어떤 어려움에도 참고 견뎌야 하는 것입니다. 성숙한 그리스도인의 삶은 어떠한 환난도 감수하는 삶입니다. 아프고 고달프며 말할 수 없을 정도로 힘겹고 고통스럽지만 인내하는 삶입니다.

"형제들아 주의 이름으로 말한 선지자들을 고난과 오래 참음의 본으로 삼으라"(약 5:10)

3) '기도에 항상 힘쓰며'

기도는 언제나 계속되어야 할 의무라는 말씀입니다. 기도를 통해 항상 하나님과 인격적인 접촉을 해야 한다는 말씀입니다. 기도를 멈추지 말라는 말쓸입니다. 그리스도인은 기도 없이 살 수 없고, 기도 없이 이겨낼 수 없다는 말씀입니다. 시대적으로 냉혹하고 이기적인 시대에 그리스도인들이 힘쓰고 애써야 할 것은 기도하는 일입니다. 기도에 힘쓰지 않는다면 어떻게 그리스도인이라 할 수 있겠습니까? 기도는 하나님과 호흡하는 것인데 호흡 없이 어떻게 그리스도인이라 할 수 있겠습니까? 기도는 하나님께 묻고 듣고 하는 것인데 이것 없이 어떻게 그리스도인이라 할 수 있겠습니까?

기도에 항상 힘쓰지 않는다면 소망 중에 즐거워할 수 없습니다. 소망이 소망이 될 수 없습니다. 소망을 가슴에 품을 수 없습니다. 마찬가지로 기도에 항상 힘쓰지 않는다면 환난 중에 인내할 수 없습니다. 환난이 찾아오면 바로 좌절하고 절망할 수밖에 없습니다. 환난 앞에서 무기력한 모습으로 비참할 수밖에 없습니다. 이런 상황을 반대로 생각해 보면 소망 중에 즐거워하는 사람은 언제나 변함없이 기도하는 사람입니다. 기도하기에 하나님을 힘입어 소망 중에 즐거워할 수 있습니다. 앞으로 이루어질 놀라운 일들을 상상하며 기뻐할 수 있습니다. 마찬가지로 환난 중에 인내하는 사람은 언제나 변함없이 기도하는 사람입니다. 기도하는 사람은 환난을 이겨낼 수 있습니다. 기도의 힘은 환난을 이기고도 남게 하는 능력이 있습니다.

그렇다면 기도란 무엇입니까? 하나님께 구하는 것입니다(약4:2). 하나님께 아뢰는 것입니다(빌4:6~7). 하나님께 능력을 받는 것입니다(빌4:13). 하나님과 가까이하는 것입니다(약4:8). 하나님과 인격적으로 교통하는 것입니다(히4:16). 한편 기도는 중언부언하지 않는 것입니다(마6:7). 항상 성령 안에서 하는 것입니다(엡6:18). 끊임없이 하는 것입니다(살전5:17). 만약 그리스도인이 기도하지 않는다면 그것이 어떤 상황이라는 것을 말하는 것입니까? 무지하다는 것을 말해주는 상황입니다. 게으르다는 것을 보여주는 상황입니다. 어리석다는 것을 드러내는 상황입니다. 분명한 사실은 그리스도인들이 시대 속에서 시시때때로 엄청난 영적 전쟁을 치르고 있다는 냉혹한 현실입니다. 그러므로 '기도에 항상 힘쓰며'라는 말씀에 귀를 기울여야 합니다. 그리고 변함없이 기도해야 합니다.

외적인 신앙생활

"성도들의 쓸 것을 공급하며 손 대접하기를 힘쓰라"(13절)

1) '성도들의 쓸 것을 공급하며'

21세기를 살아가는 지금도 어렵게 살아가는 사람들이 주변을 둘러보면 많다는 것을 알 수 있습니다. 어느 시대에나 궁핍한 생활을 하는 사람들이 많은데 특별히 초대교회 시절에는 로마의 식민지라는 어려움과 그에 따른 부자들의 무지막지한 횡포로 인해 노예로 전락하는 사람들이 많이 있었습니다. 이러다보니 삶의 환경도 어렵고 경제적으로도 몹시 힘겨운 사람들이 도처에 있었습니다. 이러한 가운데 믿음으로 구원받은 그리스도인들 속에서도 어려운 상황에 놓인 사람들이 많이 있었으니 이들을 돕는 것은 지극히 마땅한 일이었습니다.

그리스도인들이 돕는 것은 행동으로 돕는 것을 말합니다. 직접 필요한 것이 무엇인지 알아 도와주는 것을 말합니다. 진정성 있는 행동으로 필요를 채워주는 것을 말합니다. 그런데 신앙생활을 하다 보면 행동보다는 말이 앞선 사람들이 있습니다. 초대교회 때나 21세기를 살아가는 지금이나 행동보다는 말만 하는 사람이 있다는 말입니다. 믿음으로 구원받은 그리스도인이라면 말보다 행동으로 어려운 사람들을 돕는 것이 더 중요합니다.

"오직 선을 행함과 서로 나누어 주기를 잊지 말라 하나님은 이같은 제사를 기뻐하시느니라"(히13:16)

2) '손 대접하기를 힘쓰라'

사람이 성숙한지를 알려면 사람을 대하는 태도를 보면 분명하게 알 수 있습니다. 그 중에서도 사람을 어떻게 대접하느냐 하는 것으로 사람됨을 핵심적으로 읽을 수 있습니다. 사람이 사람을 대접한다는 것은 그만큼 쉬운 일이 아닙니다. 그래서 대부분의 사람들은 대접하기보다 대접받는 것을 좋아합니다. 누구나 예외 없이 대접받기를 즐겨합니다. 오죽했으면 예수님이 이렇게 말씀하셨겠습니까?

"그러므로 무엇이든지 남에게 대접을 받고자 하는 대로 너희도 남을 대접하라 이것이 율법이요 선지자니라"(마7:12)

특별히 이스라엘 백성들에게 있어 나그네를 위해 대접하는 것은 일찍이 구약시대부터 고아와 과부를 돌보는 구제와 더불어 이스라엘 백성들에게 요구되는 필수 상황이었습니다(신10:18~19). 나그네 대접은 어느 것에 한정된 것이 아니라 대단히 폭넓게 적용되었습니다. 구체적으로는 음식과 옷과 거처 등을 제공하는 것을 말합니다. 그러므로 나그네를 대접하는 것은 너무나 귀한 일이며 필요한 일입니다. 그렇다면 나그네 대접하기를 힘써야 하는 이유는 무엇입니까? 가장 먼저는 주님께 하는 것이나 마찬가지이기 때문입니다(마25:35, 40). 다음으로 부지중에 천사를 대접하는 것이기 때문입니다(히13:2). 그리고 상급이 있기 때문입니다(마25:34).

그리스도인은 어떻게 살아야 하는지 본문은 분명하게 제시합니다. 소망 중에 즐거워합니다. 환난 중에 참습니다. 기도에 항상 힘씁니다. 성도들의 쓸 것을 공급합니다. 손 대접하기를 힘씁니다. 그리스도인은 이와 같은 모습을 지향하고 만들어가기를 늘 애써야 합니다. 깨어 있는 그리스도인은 언제나 어떻게 살아야 하는지 거룩한 고민으로 살아갑니다. 그리고 행동하여 귀한 흔적과 열매를 남깁니다. 그리스도인에게는 눈에 드러나는 신앙생활의 모습이 있는가 하면 눈에 드러나지 않는 신앙생활의 모습도 함께 공존합니다. 따라서 함께 조화를 이루고 서로 같이 균형 잡힌 신앙생활을 유지한다면 건강하고 성숙한 그리스도인이라 할 것입니다.

"너희를 박해하는 자를 축복하라
축복하고 저주하지 말라"

– 롬12:14

26장 · 그리스도인은 어떻게 살아야 하는가? ⑥

16세기 영국의 순교자 가운데 존 후퍼(John Hooper, 1495~1555)라는 사람이 있습니다. 그는 성직자도 결혼해야 한다고 주장한 것과 사제가 떡과 포도주를 놓고 축사하면 그것이 그리스도의 몸으로 변한다는 화체설을 부인하였다는 죄목으로 1553년 런던탑에 투옥되었습니다. 1년 반 이상 감옥에 갇혀 있던 그에게 한 친구가 찾아와서 이렇게 말했습니다.

"인생은 달콤한 것이지만 죽음은 쓰디쓴 것이라네.
이 점을 생각하고 고집을 버리게나."

적당하게 타협하여 죽음을 피할 것을 종용하였던 것입니다. 후퍼는 깊이 생각한 후 친구에게 이렇게 대답했습니다.

"내세에서의 생은 이생보다 더 달콤하다네.
그리고 지옥의 고통은 죽음보다 더 쓰다네."

결국 그는 얼마 후 화형에 처해졌습니다. 죽음의 순간을 맞게 된 후퍼는 사형 집행관을 위해 복을 빌어준 후 "주 예수여, 내 영혼을 받아 주소서"라고 외친 다음 순교의 제물이 됐습니다. 본문을 공동번역에서는 이렇게 소개하고 있습니다.

"여러분을 박해하는 사람들을 축복하십시오.
저주하지 말고 복을 빌어 주십시오."

세상적으로는 이 말씀이 참으로 감당하기 어려운 말씀입니다. 인간적으로는 이 말씀이 너무나 받아들이기 힘든 말씀입니다. 세상적으로, 인간적으로 받아들이기 불가능한 말씀입니다. 그럼에도 믿음의 사람은 감당할 수 있는 말씀입니다. 기도와 말씀으로 무장된 사람은 감당할 수 있는 말씀입니다. 참된 하나님의 자녀라면 감당할 수 있는 말씀입니다. 이 말씀을 낮은 마음, 겸손한 마음으로 경청하면 유익이 있습니다. 우리에게 꼭 필요한 말씀으로 받아들이면 은혜가 있습니다. 하나님의 음성으로 들으면 신령한 복이 있습니다.

"나는 너희에 이르노니 너희 원수를 사랑하며 너희를 박해하는 자를 위하여 기도하라 이같이 한즉 하늘에 계신 너희 아버지의 아들이 되리니"(마5:44~45)

사람들의 삶 속에서 아는 만큼 행동하는 것은 당연한 일입니다. 배운 만큼 쓰임 받는 것도 당연한 일입니다. 높은 지위에 있으면 감당해야 할 책임과 의무도 큰 것이 당연합니다. 그러나 문제는 우리가 매일의 삶 속에서 '그렇게 살아가고 있느냐'라고 진지하게 물어보면 그렇지 못한 것이 현실임을 고백할 수밖에 없습니다. 우리 주위에 있는 불신자들의 관심은 그리스도인들이 과연 아는 만큼 행동하느냐, 배운 만큼 활용하느냐, 지위에 맞게 의무를 잘 감당하느냐에 온통 집중하고 있다는 것을 알아야 합니다. 성경은 이렇게 말씀합니다.

"너희가 이것을 알고 행하면 복이 있으리라"(요13:17)
"자유롭게 하는 온전한 율법을 들여다보고 있는 자는 듣고 잊어버리는 자가 아니요 실천하는 자니 이 사람은 그 행하는 일에 복을 받으리라"(약1:25)

본문은 그리스도인들이 어떻게 살아야 하는지 보여줍니다. 그것은 무엇입니까?

박해는 끊임없이 존재한다는 것입니다.

"너희를 박해하는 자를"(14절상)

세상살이 속에서도 이런저런 이유로 알 수 없는 박해를 당할 때가 많이 있습니다. 얽히고설킨 관계가 세상살이를 어렵게 하고, 알게 모르게 박해의 빌미를 제공하는 경우가 있습니다. 경우가 어떻든 간에 삶의 여정에는 박해라는 변수가 상존하고 있다는 것은 분명합니다. 박해를 받는 입장에서는 삶의 고단함과 삶의 피폐함이라는 말로 다 할 수 없는 처참함과 고통이 뒤따르기에 할 수만 있으면 박해를 피하고 싶은 심정일 것입니다. 하지만 원하든 원치 않든 박해는 늘 있어왔고 박해는 늘 상존한다는 현실만큼은 인식해야 합니다.

마찬가지로 구원받은 그리스도인들에게도 시도 때도 없이 박해가 존재하고 임한다고 본문은 말씀합니다. 믿음으로 살고 믿음을 발휘하면 믿음을 싫어하고 믿음을 멸시하는 사람들로부터 박해를 당합니다. 아무런 이유 없이 고통을 당합니다. 복음을 전한다는 것, 교회에 다닌다는 것, 예배드린다는 것, 기도한다는 것, 구원받았다는 것, 예수님을 믿는다는 것 등으로 고통을 당합니다. 이것이 현실이고 기독교 역사에 끊임없이 등장하는 사건들입니다. 21세기를 살아가는 지금도 지구촌 구석구석에서 일어나고 있는 비극적인 박해의 현실이기도 합니다.

예수님을 믿고 구원받으면 복이 있습니다. 은혜가 있습니다. 기쁨이 있습니다. 하지만 그럼에도 참된 그리스도인일수록 박해를 받습니다. 세상과 구별된 그리스도인일수록 박해를 받습니다. 복음전파에 집중하는 그리스도인일수록 박해를 받습니다. 그것도 상상을 초월하는 교활함과 교묘함으로 그리스도인들을 박해하고 앞으로도 박해할 것입니다. 공개적으로 치밀하게 박해했으며 앞으로도 그렇게 박해할 것입니다. 따돌리면서 냉혹하게 박해했기에 앞으로도 거침없이 그렇게 박해할 것입니다. 과거 기독교 역사가 이것을 말해주고 있고, 현재에도 이러한 박해는 수도 없이 지구촌 곳곳에서 자행되고 있습니다. 환경, 권력, 물질, 사람 등의 다양한 방법으로 박해를 수없이 받을 것입니다.

"무릇 그리스도 예수 안에서 경건하게 살고자 하는 자는 박해를 받으리라"(딤후 3:12)

"만일 그리스도인으로 고난을 받으면 부끄러워하지 말고 도리어 그 이름으로 하나님께 영광을 돌리라"(벧전4:16)

박해하는 자를 위해 도리어 복을 빌어야 한다는 것입니다.

"너희를 박해하는 자를 축복하라 축복하고 저주하지 말라"(14절)

박해받는 것 자체가 힘겹고 고통스러운 것이기에 한숨과 눈물이 앞을 가립니다. 마음속에서 울분이 솟아오르고 한스러움이 차곡차곡 쌓입니다. 동시에 원수 같은 놈이라고 독기를 품게 됩니다. 몸과 마음이 황폐해져 무너지는 것을 보며 언젠가는 되갚아 주리라 결심합니다. 이러한 모습과 생각들은 누구나 가질 수 있는 당연한 결심들입니다. 박해하는 자들은 박해받는 입장에서는 원수이기 때문입니다. 용서하기 어려운 상대이기 때문입니다. 생각도 하기 싫은 사람이기 때문입니다.

그런데 이렇게 박해하는 원수 같은 사람들을 향해 성경은 오히려 복을 빌어 주라고 말씀합니다. 생각만 해도 치가 떨리는 사람들을 향해 복을 빌어 주라고 거듭 강조합니다. 어떻게 이렇게 할 수 있을까요? 도대체 무엇을 말씀하고 있는 것입니까? 막상 이러한 박해를 받았고, 또한 받고 있는 사람이라면 과연 이러한 말씀 앞에서 순종할 수 있을까요? 정말 무엇이라 말할 수 없을 정도로 어렵고 난감한 일이 아닙니까?

대부분의 사람들은 원수 같은 사람들을 향해 복을 빌어야 한다는 말씀에 대해 이해하기 어려워할 것입니다. '과연 말이 되는 말인가?' '순수하게 받아들일 수 있는 말씀인가?' '머리와 가슴으로 이해할 수 있는 말씀인가?' 하고 진지하게 고민할 것입니다. 한편으로는 이것보다 더한 갈등과 번민으로 괴로워할지도 모를 일입니다. 이것은 그리 단순한 문제가 아니기 때문에 평생을 걸쳐 응어리진 가슴을 달래고 달래며 살아갈지 모를 일이기도 합니다. 이렇게 크나큰 아픔과 상처가 있는 사람에게 박해하는 자를 위해 복을 빌라는 말이 지극히 온전한 말씀입니까?

그러나 그럼에도 불구하고 구원받은 그리스도인은 깊이 생각해 보아야 합니다. 나를 박해하는 자를 축복한다는 것은 인간적으로는 도저히 불가능하고 불가능한 일이지만, 한편으로 생각해 보면 나 자신도 과거에는 하나님과 원수였다는 것을 알아야 합니다. 하나님과 상관없이 내 마음대로 범죄하고 살았던 죄인이었음을 알아야 합니다. 예수 그리스도를 십자가에 못 박았으며 믿음 없는 불쌍한 존재였음을 알아야 합니다. 이렇게 형편없었던 죄인이었음을 상기해보며 이제는 하나님의 은혜로 새사람 되어 감사하며 살아가고 있다는 선한 마음과 진실한 믿음이 있다면 나를 박해하는 자를 위해 복을 빌어 줄 수 있습니다.

박해하는 사람들은 어쩌면 거듭나지 않았기 때문에 그런 행동을 취하는 것이 아니겠습니까? 하나님을 모르고 영적 진리에 대해 눈이 감겨 있기에 저지르는 행동이자 범죄 아니겠습니까? 마음이 굳어 있고 어두워져 있기에 겁 없이 행동하는 어리석음 아닙니까? 사탄의 노예가 되어 자신도 모르게 저지르는 실수 아닙니까? 그러므로 우리는 박해자들을 위해 기도해야 합니다. 하나님께서 우리에게 긍휼을 베풀어 주셨듯이 저들에게도 무한한 긍휼을 베풀어 달라고 기도해야 합니다. 저들에게도 하나님을 알 수 있는 복을 달라고 기도해야 합니다.

"그들이 돌로 스데반을 치니 스데반이 부르짖어 이르되 주 예수여 내 영혼을 받으시옵소서 하고 무릎을 꿇고 크게 불러 이르되 주여 이 죄를 그들에게 돌리지 마옵소서 이 말을 하고 자니라"(행7:59~60)

"바로 이 시각까지 우리가 주리고 목마르며 헐벗고 매맞으며 정처가 없고 또 수고하여 친히 손으로 일을 하며 모욕을 당한즉 축복하고 박해를 받은즉 참고 비방을 받은즉 권면하니"(고전4:11~13)

"악을 악으로, 욕을 욕으로 갚지 말고 도리어 복을 빌라 이를 위하여 너희가 부르심을 받았나니 이는 복을 이어받게 하려 하심이라"(벧전3:9)

그리스도인이라면 박해자들에 대해 어떻게 행동해야 할 것인지를 성경을 통해 구체적으로 알게 되었습니다. 이제 남은 차례는 우리 자신입니다. 여러분과 나입니다. 이 시대를 살아가고 있는 그리스도인으로서 합당한 믿음과 행동을 보여주어야 합니다. 이것이 그리스도인은 어떻게 살아야 하는지를 확실하게 보여주는 또 하나의 증거입니다.

"의를 위하여 박해를 받는 자는 복이 있나니 천국이 그들의 것임이라 나로 말미암아 너희를 욕하고 박해하고 거짓으로 너희를 거슬러 모든 악한 말을 할 때에는 너희에게 복이 있나니 기뻐하고 즐거워하라 하늘에서 너희의 상이 큼이라"(마5:10~12)

박해를 받으면 복이 있습니다. 그러므로 박해를 너무 두려워하지 말아야 합니다. 박해를 받으면 천국이 나의 것이 됩니다. 그러므로 박해를 슬기롭게 잘 이겨야 합니다. 박해를 받으면 큰 상이 있습니다. 그러므로 박해를 받으면 상이 쌓이는 줄 믿고 도리어 기뻐하고 즐거워해야 합니다.

"즐거워하는 자들과 함께 즐거워하고
우는 자들과 함께 울라 서로 마음을 같이하며
높은 데 마음을 두지 말고 도리어 낮은 데 처하며
스스로 지혜 있는 체 하지 말라"

— 롬12:15~16

27장 · 그리스도인은 어떻게 살아야 하는가? ⑦

메뚜기가 하루살이와 놀다가 저녁이 되어 헤어지면서 말했습니다.

"하루살이야, 내일 또 만나자."

하루살이가 갸우뚱하며 물었습니다.

"내일이 뭐니?"

하루살이는 이름 그대로 하루살이였기에 그 밤을 넘기지 못하고 세상을 떠났습니다. 친구를 잃은 메뚜기는 하늘을 나는 참새를 만나 즐겁게 놀았습니다. 어느 날 참새가 메뚜기와 헤어지며 말했습니다.

"메뚜기야, 내년에 다시 만나자."

이번엔 메뚜기가 어리둥절했습니다.

"내년이 뭐니?"

메뚜기 역시 그해 겨울을 넘기지 못하고 죽었습니다. 오늘을 아무리 신나게 살아도 내일이 없는 하루살이는 불쌍한 존재입니다. 1년 365일 아무리 행복하게 살았다 해도 새봄을 맞이할 수 없는 메뚜기의 삶 또한 허무할 것입니다. 내일이 없다는 것, 내년이 없다는 것은 비극입니다. 그러나 이보다 더 큰 비극이 있습니다. 분명히 영생을 약속받았음에도 불구하고 눈에 보이는 것이 전부라며 오늘만을 위해 살아가는 인생입니다. 영원한 소망을 약속받고도 영생을 거부하고 무시하며 '하루살이' 인생을 고집하는 사람들에게 전하고 싶은 말씀이 있습니다.

> "하나님이 모든 것을 지으시되 때를 따라 아름답게 하셨고 또 사람에게 영원을 사모하는 마음을 주셨느니라"(전3:11)

본문은 영원을 사모하는 사람들인 그리스도인들이 어떻게 살아야 하는지 계속적으로 소개하고 있는 말씀입니다. 15절이 격려와 위로의 삶을 나타낸다면 16절은 성숙한 삶을 보여줍니다. 우리가 정녕 그리스도인이라면 격려와 위로의 삶이 반드시 필요합니다. 또한 성숙한 삶도 반드시 필요합니다. 격려와 위로 그리고 성숙한 삶이 조화를 이루고 균형을 이룰 때 세상에서 빛과 소금의 역할을 충분히 감당할 수 있습니다. 그렇다면 그리스도인은 어떻게 살아야 합니까?

즐거워하는 자들과 함께 즐거워해야 합니다.

> "즐거워하는 자들과 함께 즐거워하고"(15절상)

이 말씀은 이런 말씀입니다. '함께 기뻐할 수 있느냐?' '기쁨을 함께하며 나눌 수 있느냐?' '자신이 기쁜 것처럼 함께 할 수 있느냐?' 하는 것입니다. 어떤 사람, 어떤 이웃, 어떤 그리스도인이 부러울 정도로 사업에 성공했습니다. 하는 일마다 잘 됩니다. 집안 식구들이 무병장수합니다. 자녀가 학교에서 늘 일등 합니다. 훌륭한 사위와 예쁜 며느리를 얻었습니다. 이럴 때 시기하고 질투하지 말아야 한다는 말씀입니다. 모략하거나 잔꾀를 쓰지 말아야 한다는 말씀입니다. 등을 돌리거나 불편해하지 말아야 한다는 말씀입니다.

우리나라 속담에 "사촌이 밭을 사면 배가 아프다"라는 말이 있듯이 배 아파하지 말아야 한다는 말씀입니다. 어쩌면 함께 기뻐하는 것이 함께 슬퍼하는 것보다 더 힘들고, 더 어렵고, 더 괴로운 것이 인간의 모습인지 모릅니다. 그럼에도 불구하고 성경은 그리스도인을 향해 이렇게 말씀합니다.

"즐거워하는 자들과 함께 즐거워하고
즐거워하는 자들과 함께 즐거워하라."

우는 자들과 함께 울어야 합니다.

"우는 자들과 함께 울라"(15절하)

이 말씀은 앞선 말씀처럼 '함께 슬퍼할 수 있느냐?' '슬픔을 함께 하며 나눌 수 있느냐?' '자신의 슬픔처럼 아파할 수 있느냐?' 하는 것입니다. 어떤 사람, 어떤 이웃, 어떤 그리스도인이 병에 걸렸습니다. 사업에 실패했습니다. 가정이 엉망입니다. 불량자녀 때문에 고통을 받고 있습니다. 직장에서 쫓겨나 실직 당했습니다. 태풍, 홍수, 가뭄, 산불, 지진, 눈사태 등으로 어려움을 겪고 있습니다. 전쟁, 전염병, 분쟁 등으로 생명이 위태롭습니다. 이런 환경에 처해있는 사람들을 향해 은근슬쩍 교묘한 말로 염장 지르지 말라는 말씀입니다. 위로한답시고 교만 떨지 말라는 말씀입니다. 이런 말 저런 말로 기분 상하게 하지 말라는 말씀입니다.

우는 사람에게는 함께 조용히 울어주는 것이 최고입니다. 우리 속담에 "기쁨을 나누면 배가 되고, 슬픔을 나누면 반으로 줄어든다"는 말이 있습니다. 성경은 그리스도인들을 향해 이렇게 말씀합니다.

"즐거워하는 자들과 함께 즐거워하고
우는 자들과 함께 울라"(롬12:15)

서로 마음을 같이 해야 합니다.

"서로 마음을 같이 하며"(16절상)

서로 마음을 같이 한다는 것은 현실적으로 매우 어려운 일입니다. 지구촌에서 살아가고 있는 수많은 사람들의 개성이 다르고, 환경이 다르며, 삶의 걸음걸음이 다르기에 서로 마음을 같이 한다는 것이 여간 어려운 일이 아니라는 것을 쉽게 알 수 있습니다. 나라와 민족이 각각 다릅니다. 빈부귀천도 너무나 다양합니다. 생활방식도 천차만별입니다. 이러한 장벽이 도처에 도사리고 있음에도 불구하고 서로 마음을 같이 한다는 것이 과연 가능하겠습니까? 사도 바울은 그리스도인이라면 어느 시대, 어느 환경, 어느 문제를 막론하고 어느 누구나 가능하다고 말씀합니다.

> "형제들아 내가 우리 주 예수 그리스도의 이름으로 너희를 권하노니 모두가 같은 말을 하고 너희 가운데 분쟁이 없이 같은 마음과 같은 뜻으로 온전히 합하라"(고전 1:10)
> "내가 너희에게 가 보나 떠나 있으나 너희가 한 마음으로 서서 한 뜻으로 복음의 신앙을 위하여 협력하는 것과"(빌1:27)

그리스도인들에게는 기필코 분쟁, 분열, 다툼 등은 없어야 합니다. 오직 그리스도인들에게는 연합과 협력, 한마음과 한뜻, 서로와 함께만 있을 뿐입니다.

겸손한 마음을 가져야 합니다.

> "높은 데 마음을 두지 말고 도리어 낮은 데 처하며"(16절중)

사람은 본능적으로 지위고하를 막론하고 잘난 체하기를 좋아합니다. 물론 그렇지 않은 사람도 있겠지만 대다수는 이러한 본능을 갖고 있습니다. 그만큼 상대적으로 겸손한 마음과 겸손한 행동을 하기가 쉽지 않습니다. 본능이 앞서다 보니 머리로는 알고 있는데 행동으로 겸손하기가 몹시 어렵다는 말입니다. 사회적으로, 문화적으로, 실제적으로 교만을 부추기는 시대에 살고 있다 보니 자연스럽게 체득된 현상이라 할 수 있습니다. 안 그런 척 하지만 속으로는 은근히 교만한 마음이 자리 잡고 있음을 알 수 있습니다. 사회적 야심을 갖고 사회적 명예를 추구합니다. 헛된 야망을 꿈꿉니다. 이러한 일들이 높은 데 마음을 두는 것입니다. 이것은 겸손하고는 거리가 먼 딴 세상 이야기입니다.

'처하며'라는 말은 '천하고 보잘것없는 사람들과 함께 어울리라'는 말입니다. 고아, 과부, 나그네, 가난한 자, 병든 자, 실패한 자, 방황하는 자들과 함께하라는 말씀입니다. 예수님과 예수님의 제자들은 모두가 하나같이 이런 삶을 살았습니다. 우리 그리스도인도 마찬가지로 이런 삶을 살아야 합니다. 겸손한 마음으로 겸손을 추구하고, 겸손한 마음으로 지체 낮은 사람들을 위로하며, 겸손하게 낮은 마음으로 격려하는 자세를 가져야 한다는 말씀입니다(딤전6:17~18).

스스로 지혜 있는 체 하지 말아야 합니다.

"스스로 지혜 있는 체 하지 말라"(16절하)

남들보다 조금 더 배우고, 남들보다 조금 더 경험이 풍부하면 스스로 지혜로운 줄 착각합니다. 앞서가고, 잘 되면 스스로 지혜로운 줄 생각합니다. 누가 조금만 칭찬하고 격려해도 지혜로워서 받는 대접이라고 스스로 자평합니다. 이렇게 자기 스스로 좋게 평가하고 만족하는 것이 인간의 전형적인 모습입니다. 그런데 성경은 '스스로 지혜 있는 체하지 말라'고 말씀합니다. 이 말씀은 우월의식을 갖지 말라는 말씀입니다. 자기 자신을 상대방보다 낮게 여기지 말라는 말씀입니다. 남의 생각을 하찮게 여기지 말라는 말씀입니다.

> "저가 스스로 자긍하기를 자기 죄악이 드러나지 아니하고 미워함을 받지도 아니하리라 함이로다"(시36:2)

이것은 스스로 지혜를 뽐내고, 스스로 지혜를 자랑하고, 스스로 지혜롭게 여기는 것을 말합니다. 지식은 배워서 얻는 것이라면, 지혜는 지식을 사용하고 적용하는 능력이라고 할 수 있습니다. 배워서 얻은 지식을 바탕으로 어떻게 구체적으로 창의성 있게 활용하는가 하는 것은 지혜로움에 달려 있습니다. 하지만 정말 중요한 문제는 지식이든 지혜든 뽐낼 필요가 없다는 것입니다. 왜냐하면 그것으로 인해 언제 넘어질지 모르기 때문입니다. 그래서 스스로 지혜 있는 체하지 않는 것이 정말 중요합니다(잠16:18; 고전10:12).

그리스도인에게 격려와 위로 그리고 성숙한 삶이 필요한 이유는 무엇입니까? 가장 먼저 그리스도인은 모두 다 한 지체이기 때문입니다(고전12:6). 그리고 하나님께 영광을 돌리는 것이 되기 때문입니다(마5:16). 성경은 그리스도인이 어떻게 살아야 하는지 선명하게 말씀합니다. 이러한 말씀이 가슴을 뜨끔하게 하기도 하고, 다시금 깊이 있게 되돌아보게 합니다. 자극과 도전을 주기도 하고, 반성과 회개를 하게 합니다. 어떻게 그리스도인으로 살아야 할지 분명한 기준을 보여 주기도 하고, 당연히 그렇게 살아야 하는 것이 올바른 방법임을 알게 합니다.

그리스도인으로서의 정체성이 점점 더 희박해지는 21세기의 현시점에서 이러한 말씀들은 흐트러진 그리스도인들의 마음과 삶에 다시금 정신을 차리게 하는 원동력이 되어야 하고, 시대적인 사명을 올바르게 감당하게 하는 생명의 말씀이 되어야 하지 않겠습니까? 그리스도인은 즐거워하는 자들과 함께 즐거워해야 합니다. 우는 자들과 함께 울어야 합니다. 서로 마음을 같이 해야 합니다. 겸손한 마음을 가져야 합니다. 스스로 지혜 있는 체하지 말아야 합니다.

"아무에게도 악을 악으로 갚지 말고
모든 사람 앞에서 선한 일을 도모하라 할 수 있거든
너희로서는 모든 사람과 더불어 화목하라"

– 롬12:17~18

28장 · 그리스도인은 어떻게 살아야 하는가? ⑧

목회자 자녀가 어린 시절에 겪었던 실화입니다. 그는 아버지가 섬기던 교회에서 성도들이 두 편으로 갈라져 싸우는 모습을 종종 보게 되었습니다. 그 모습이 너무나 이상해 교회학교 선생님께 물었습니다.

"선생님, 싸우면 천국가요 지옥가요?"

선생님은 이렇게 말했습니다.

"당연히 지옥가지"

그는 이 소리를 듣고 속으로 이렇게 생각했습니다.

"아, 그렇구나. 교회 다니는 사람들이 말로는 천국이 있고 지옥이 있다고 이야기하지만 저렇게 서로 싸우는 걸 보면 그건 모두 거짓말이야. 저들이 믿는 예수님도 거짓말이고, 저들이 믿는 하나님은 가짜 하나님이야."

그때부터 그는 하나님이 믿어지지 않았습니다. 특별히 기도 많이 하고 성경 많이 안다고 하면서 싸우는 사람들을 보면 너무 싫었습니다. 그리고 신앙생활에 실망하게 되었습니다. 신앙적인 환경과 터전이 좋았음에도 신앙적인 반감과 부정적인 사고가 형성되기 시작했습니다. 겉으로 보기에는 주위 사람들로부터 인정받는 신앙인으로 자라갔지만, 속 깊은 곳에서는 불신앙과 의심으로 가득하게 되었습니다. 올바른 신앙인으로, 그리스도인으로 자라가기가 어렵게 되었습니다.

많은 그리스도인들이 천국에 갈 확신이 있다고 말합니다. 천국을 당연하게 예약한 것으로 확신합니다. 자신은 예수님의 신부로 준비된 사람이라고 믿습니다. 그러나 싸우는 예수님의 신부! 서로 시기하는 예수님의 신부! 주 안에서 하나 되지 못하는 신부! 상상이 되십니까? 우리가 천국에 갈 것을 믿는다고 하면서도 천국 가는 삶을 살지 못한다면 그로 인해 얼마나 많은 사람들이 실족하고 실망하게 될 것인지 생각해 봐야 합니다. 천국가야 할 그리스도인으로서의 삶이 올바르지 못해 한참이나 미달되는 모습을 보인다면 자신뿐만 아니라 주변 사람들에게 미칠 부정적인 영향을 생각해 봐야 합니다.

그러므로 교회와 그리스도인은 그 무엇보다도 신뢰를 쌓아야 합니다. 협력하는 모습을 보여야 합니다. 서로, 같이, 함께하는 적극적인 삶을 살아야 합니다. 구원받은 그리스도인으로서 선하고 복된 삶을 보여주어야 합니다. 때로는 힘들고 때로는 연약하고 부족한데도 믿음의 사람은 다르다는 것을 행동으로 각인시켜야 합니다. 본문을 통해 볼 때 구원받아 거듭난 그리스도인들은 지극히 당연하다고 여겨지는 말에도 항상 새로운 시각과 관심과 마음으로 바라 볼 필요가 있습니다. 왜냐하면 그리스도인은 그리스도의 마음을 가진 사람이기 때문입니다. 위로부터 생명을 받고 변화된 사람이기 때문입니다. 새로운 마음과 새로운 사고방식으로 새롭게 다가가야 한다면 그리스도인은 어떻게 살아야 합니까?

한계를 뛰어넘는 선한 삶을 살아야 합니다.

"아무에게도 악을 악으로 갚지 말고 모든 사람 앞에서 선한 일을 도모하라"(17절)

이 말씀은 한계를 뛰어넘지 않으면 감당하기 어려운 말씀입니다. 사람들은 보통 어떤 사람으로부터 고통이나 피해를 당하면 자기가 당한 고통이나 피해 이상으로 갚아주고 싶어 합니다. 받은 만큼이 아니라 그 이상의 보상이나 보복을 요구합니다. 인간의 본능적인 행동이자 죄된 모습이 아닐 수 없습니다. 이러한 인간역사가 계속되고 있다는 것은 그만큼 인간 속성이 끈질기게 이어지고 있다는 방증이기도 합니다. 본성적인 죄악이 근절되기 어렵다는 것을 명백하게 보여주는 역사적인 현실이기도 합니다. 그런데 본문은 이것과 반대되는 말씀을 합니다. 구약의 보복 법에 대한 획기적이면서도 새로운 해석을 보여줍니다(레24:20~21; 신19:21).

"생명은 생명으로, 눈은 눈으로, 이는 이로, 손은 손으로, 발은 발로, 덴 것은 덴 것으로, 상하게 한 것은 상함으로, 때린 것은 때림으로 갚을지니라"(출21:23~25)

이렇듯 구약의 말씀을 볼 때 오늘 본문 말씀은 믿음이 없는 사람은 결코 지킬 수 없는 말씀입니다. 믿음이 있다고 자부하는 그리스도인들에게도 참으로 어려운 말씀입니다. 실천하고 행동하려면 고통스럽고 곤욕스러운 말씀입니다. 새로운 마음과 변화된 시각으로 보지 않으면 감당하기 몹시 어려운 난제의 말씀입니다. 그만큼 변화된 그리스도인의 모습과 변화된 그리스도인의 위치를 의식하거나 보지 못한다면 감히 엄두를 낼 수 없는 말씀이라 할 수 있습니다. 이렇게 본문 말씀이 무척이나 어렵고 힘든 말씀인 것은 분명합니다. 그리스도인으로서 받아들이고 소화하는 것이 여간 고통스럽고 부담스러운 일이 아닐 수 없습니다. 그럼에도 그리스도인들이 새로운 시각과 새로운 마음으로 뼈를 깎는 고통과 아픔을 이겨내며 실천해야 할 말씀입니다. 특별히 신앙생활과 신앙 성숙에 유익하기에 꼭 필요하고 합당한 말씀인 것입니다.

"삼가 누가 누구에게든지 악으로 악을 갚지 말게 하고 서로 대하든지 모든 사람을 대하든지 항상 선을 따르라"(살전5:15)
"악을 악으로, 욕을 욕으로 갚지 말고 도리어 복을 빌라 이를 위하여 너희가 부르심을 받았나니 이는 복을 이어받게 하려 하심이라"(벧전3:9)

로마서 12장 14절, 17절, 21절은 전체적으로 원수 사랑에 대한 핵심적인 말씀이라고 할 수 있습니다. 원수 사랑에 대해 지혜롭게 승리할 수 있는 해답이라고 볼 수 있는 말씀입니다. 원수 사랑에 대해 실천함으로써 몇 배의 기쁨을 만끽할 수 있는 적극적인 말씀임을 알 수 있습니다. 그리스도인들은 예수님이 이런 상황에 대해 어떻게 말씀하셨는지 경청할 필요가 있습니다.

"또 눈은 눈으로, 이는 이로 갚으라 하였다는 것을 너희가 들었으나 나는 너희에게 이르노니 악한 자를 대적하지 말라 누구든지 네 오른편 뺨을 치거든 왼편도 돌려 대

며 또 너를 고발하여 속옷을 가지고자 하는 자에게 겉옷까지도 가지게 하며 또 누구
든지 너로 억지로 오 리를 가게 하거든 그 사람과 십 리를 동행하고 네게 구하는 자
에게 주며 네게 꾸고자 하는 자에게 거절하지 말라"(마5:38~42)

이런 예수님의 모범적인 삶을 시간이 지난 후에 베드로 사도는 이렇게
소개합니다.

"그는 죄를 범하지 아니하시고 그 입에 거짓도 없으시며 욕을 당하시되 맞대어 욕하
지 아니하시고 고난을 당하시되 위협하지 아니하시고 오직 공의로 심판하시는 이에
게 부탁하시며"(벧전2:22~23)

본문 말씀을 통해 그리스도인들은 불신자들과는 다르다는 것을 확실하게
보여주어야 합니다. 믿음 없는 사람들과는 엄청난 차이가 있음을 알게 해
야 합니다. 하나님의 자녀라는 사실을 분명하게 제시해야 합니다. 쉽지 않
은 삶이 그리스도인들에게 놓여 있습니다. 이렇게 좁은 길로 가는 것이 그
리스도인들의 삶이기에 하나님의 은혜를 덧입어 선한 영향력으로 이겨내
야 하지 않겠습니까?

가능하다면 화목한 삶을 살아야 합니다.

"할 수 있거든 너희로서는 모든 사람과 더불어 화목하라"(18절)

'할 수 있거든'이라는 의미는 '그것이 가능하다면'이라는 말씀입니다. 다

시 말해 '다른 사람들이나 환경이 그것을 허용한다면'이라는 의미입니다. 보통 이러한 말은 불가능한 것을 전제로 할 때 쓰는 단어입니다. 그만큼 까다롭고 힘들다는 것이 밑바탕에 깔려 있습니다. 그렇다면 사도 바울은 왜 이런 말씀을 하셨을까요? 모든 사람과 더불어 화목을 유지한다는 것은 불가능하기 때문입니다. 있을 수 없기 때문입니다. 모든 사람과 화목하고 싶어도 각자가 가지고 있는 생각과 환경과 위치가 너무나 다르기에 모든 사람과 화목하기가 쉽지 않다는 말입니다. 쉬울 것 같으면서도 어렵고, 될 것 같으면서도 좀처럼 잘되지 않는 것이 화목임을 알 수 있습니다. 가정, 형제 관계, 교회 공동체 등에서 흔하게 접할 수 있는 일이기도 합니다.

그렇다면 왜 이렇게 화목하기 어려울까요? 그것은 사람들이 너무나 연약하여 쉽게 잘 넘어지기 때문입니다. 허물 많은 죄악 된 삶을 살기 때문입니다. 완전한 사랑을 가지고 있지 못한 인간의 부패성 때문입니다. 그렇기에 인간 세상에는 끊임없이 전쟁이 일어나고, 가정이 붕괴되며, 스스로 삶을 포기하는 자살이 유행하고, 사회적인 혼란이 반복적으로 일어나고 있음을 알 수 있습니다. 이러한 때일수록 그리스도인들의 역할이 중요합니다. 비록 어려운 환경으로 빛과 소금의 역할을 감당하기가 어렵다 할지라도 화목하기 위해 방법을 찾아야 하고 최선을 다해 또한 노력해야 합니다. 화목하기가 어렵다는 것을 알면서도 화목하기 위해 애쓰는 것이 그리스도인이 감당해야 할 몫이기 때문입니다.

'화목하라'는 사도 바울의 외침을 들으면서 세상 속에 있는 그리스도인들이 아무리 화목을 위해 애쓴다고 해도 진정한 화목이 이루어지기는 이 세상에서 현실적으로 불가능합니다. 완전하고도 진정한 화목이 이루어지는 날

이 있다면 그것은 승리자 되시는 예수님이 이 땅 위에 재림하시는 그날일 것입니다. 재림의 날 세상은 화목하고, 진정한 화목이 어떤 것인지 분명하게 알게 됩니다. 눈물 흘리고, 괴롭고, 고통스러웠던 한 맺힌 상처들이 회복되는 것은 두말할 필요가 없습니다. 그러므로 그리스도인은 예수님의 재림을 기다리며 끝까지 인내해야 합니다.

한편 '너희로서는'이라는 말씀을 통해 분명하게 세상 속에 있는 그리스도인들이 힘을 다해 화목할 수 있도록 역할할 것을 강조합니다. 마땅히 그리스도인이라면 화목을 위해 신경 쓰고 또 신경 쓸 것을 거듭 강조하는 표현이라 할 수 있습니다. 그리스도인이 아니라면 할 수 없다는 심정으로 화목할 수 있는 방법을 찾는 것이 필요합니다. 그러기에 반드시 명심해야 할 것이 있습니다. 화목에는 공짜가 없으며 대가를 치러야 한다는 사실입니다. 화목하기 위해 희생과 헌신이 요구된다는 현실입니다. 화목에 이르기까지 거쳐야 할 아픔과 고통을 감내해야 한다는 마음가짐입니다. 그렇다면 그리스도인들이 화목하기 위해 취해야 할 행동은 무엇입니까?

1) 세상에서 소금과 빛의 사명을 감당하는 것입니다.

"너희는 세상의 소금이니 … 너희는 세상의 빛이라"(마5:13~14)

2) 말과 혀로만 사랑하지 말고 행함과 진실함으로 다가가는 것입니다.

"자녀들아 우리가 말과 혀로만 사랑하지 말고 행함과 진실함으로 하자"(요일 3:18)

3) 언제나 낙심하지 않는 것입니다.

"우리가 선을 행하되 낙심하지 말지니 포기하지 아니하면 때가 이르매 거두리라"(갈6:9)

그리스도인은 모든 사람과 더불어 화목해야 할 사명이 있습니다. 화목하면 화평과 거룩함이 함께 합니다. 이를 통해 그리스도인들이 하나님의 사람, 하나님의 자녀임을 증거하는 계기가 됩니다. 화목을 통해 화평과 거룩함을 따르지 않는다면 주님을 보지 못합니다(히12:14). 또한 하나님의 아들이라는 엄청난 복도 받을 수 없습니다(마5:9). 화목한다는 것이 세상에서는 무척 어려운 것이 현실이지만 그리스도인들은 이 또한 맡겨진 주님의 일이라 여겨 누구보다도 잘 감당해야 하지 않겠습니까?

그리스도인은 한계를 뛰어넘는 선한 삶을 살아야 합니다(17절). 가능하다면 화목한 삶을 살아야 합니다(18절). 이렇게 그리스도인들이 어떻게 살아야 할 것인지 엄중한 말씀 앞에 서고 보니 두렵고 떨리기만 합니다. 그리스도인임에도 받아들이기 몹시 힘든 말씀이기에 한참이나 생각할 수밖에 없는 말씀이기도 합니다. 그럼에도 하나님의 성령께서 함께하시고 지혜 주시면 부족할지라도 감당하기 위해 애쓰며 살지 않겠습니까? 인간적인 한계에도 하나님의 성령의 함께하심이 힘이 되지 않겠습니까? 때로는 그리스도인들이 하나님의 말씀 앞에서 인간적인 연약함으로 말미암아 당황스러워하기도 하지만 그리스도인들과 함께하시는 성령님의 역사하심을 믿기에 절망하지 않고 희망을 갖습니다. 이렇듯 믿음의 눈으로 보고 믿음의 마음으로 이해하면 이 말씀이 얼마나 앞서가고 뛰어나며 위대한 말씀인지 알 수 있습니다. 이러한 말씀을 주신 하나님께 감사하고 또 감사할 뿐입니다. 오직 주님만 영광 받으시옵소서. 할렐루야!

"내 사랑하는 자들아 너희가 친히 원수를 갚지 말고
하나님의 진노하심에 맡기라 기록되었으되
원수 갚는 것이 내게 있으니 내가 갚으리라고 주께서 말씀하시니라
네 원수가 주리거든 먹이고 목마르거든 마시게 하라
그리함으로 네가 숯불을 그 머리에 쌓아 놓으리라
악에게 지지 말고 선으로 악을 이기라"

– 롬12:19~21

29장 · 그리스도인은 어떻게 살아야 하는가? ⑨

존 브로크만(John Brockman)이 쓴 '지난 2000년 동안의 위대한 발명'이라는 책이 있습니다. 인쇄술, 전기, 비행기, 컴퓨터, 인터넷 등을 포함한 인류의 121가지 위대한 발명품이 나열되어 있습니다. 그런데 한 가지 의외인 것은 그 대단한 발명품 중에 지우개가 포함되어 있다는 사실입니다. 지우개가 발명되면서 비로소 인류의 기록문화가 극적으로 발전하게 되었기 때문이라는 것입니다. 실제로 지우개가 아니었다면 지구상 여러 위대한 예술가의 데생이나 스케치 또는 시인과 음악인의 작품들은 모두 현재와 같은 완성도를 이루지 못했을 것입니다.

위대한 작가 하나님의 작품인 우리 인생도 마찬가지입니다. 실수투성이인 인생을 예수 그리스도의 용서라는 지우개로 완성도 높게 만드십니다. 그 용서라는 지우개가 없었다면 우리의 인생은 늘 고칠 수 없는 실수로 얼룩졌을 것이고 아름다운 작품으로 태어난다는 것은 상상도 못 했을 것입니다. 그러므로 용서란 지우개로 걸작이 될 수 있다는 것을 잊지 말았으면 합니다. 서양 격언에 이런 말이 있습니다.

"선을 악으로 갚는 것은 악마의 일이요,

악을 악으로 갚는 것은 사람의 일이요,

악을 선으로 갚는 것은 하나님이 하시는 일이다."

경험이 부족하고 철이 없을수록 원수에 대해 평정심을 갖기가 몹시 어렵습니다. 본능적인 행동이 앞설 가능성이 많기에 조심스럽습니다. 어린 철부지의 사고로는 강대 강이 가장 효과적인 방법이라고 여길 가능성이 가장 높기 때문입니다. 조직사회일수록 원수에 대해 평정심을 갖기가 대단히 힘들다는 것을 알 수 있습니다. 공동체에 대한 기대와 상하관계에서 오는 위계질서가 한순간에 무너지는 것을 눈으로 경험할 때의 상실감은 끊임없이 솟아오르는 적개심을 불러일으킵니다.

이권이 개입될수록 원수를 대하는 평정심은 한계를 드러냅니다. 탐욕이 넘치면 넘칠수록 갈등과 분노는 극에 달합니다. 스스로 절제할 수 없는 모습으로 변해가면서 육체와 마음도 병들어 갑니다. 탐욕이 탐욕을 낳기에 불행을 계속 이어갑니다. 동물적인 본능이 강할수록 원수에 대한 평정심은 심하게 한쪽으로 치우칠 가능성이 많습니다. 악한 마음, 악한 태도, 악한 행동으로 강퍅해지고 완악해집니다. 본능적으로 되갚아주고 싶은 열망이 간절하게 됩니다. 한 마디로 악한 원수에 대한 인간의 감정은 쉽게 가라앉힐 수도, 쉽게 잊어버릴 수도, 쉽게 털어버릴 수도 없다는 것을 알 수 있습니다. 그럼에도 성경은 그리스도인들을 향해 이렇게 말씀합니다.

"이로써 그리스도를 섬기는 자는 하나님을 기쁘시게 하며 사람에게도 칭찬을 받느니라 그러므로 우리가 화평의 일과 서로 덕을 세우는 일을 힘쓰나니"(롬14:18~19)

이러한 말씀 앞에서 본문으로 돌아가 그리스도인은 어떻게 살아야 합니까?

하나님께 맡겨야 합니다.

"내 사랑하는 자들아 너희가 친히 원수를 갚지 말고 하나님의 진노하심에 맡기라"(19절상)

사람들은 보통 원수 갚는 것에 대해 자기가 당한 그 이상으로 갚아주려고 이를 갈며 계획을 세웁니다. 사회 분위기가 이를 증명하고 있으며 조금이라도 손해 보는 일은 감당하기 어려워합니다. 그만큼 세상살이가 힘이 들고 사람들의 관계도 점점 더 험악해지고 있음을 알 수 있습니다. 관계 속에서 따뜻한 정을 느끼고 훈훈한 온정을 주고받아야 하는데 상대적으로 그렇지 못한 세상으로 흘러가고 있어서 걱정스럽습니다. 이러한 사회 분위기 속에서는 조그마한 이권이라도 발생하면 원수가 되는 것은 한순간입니다. 뺏고 뺏기는 악순환이 반복됩니다. 그러다 보면 상처는 상처대로 생기고, 원수는 원수대로 양산되는 형국이 됩니다.

이런 세상살이 속에서 그리스도인은 깊이 생각해 보아야 합니다. 악한 세상에서 어떻게 하면 원수 맺지 않는 삶을 살 수 있는지 지혜를 구해야 합니다. 예수님은 하나님의 뜻에 따라 이 악한 세대에서 우리를 건지시려고 자기 몸을 주셨다고(갈1:4) 하셨는데, 구원받아 그리스도인이 된 우리는 지금 그리스도를 섬기는 사람인지, 그리스도와 원수가 된 사람인지 점검해야 합니다. 세상에서 덕이 되는 사람인지, 원수 같은 사람인지 둘러 봐야 합니다. 주변에 선한 사람이 많은지, 원수 같은 사람이 많은지 확인해야 합니다. 그리스도인은 하나님의 자녀라는 것을 명심해야 하기 때문입니다.

한편, 성경은 그리스도인을 향해 분명하게 말씀합니다. 원수 갚는 것에 대해 친히 원수를 갚지 말고 하나님의 진노하심에 맡기라고 말입니다. 어렵지만 하나님께 맡기는 것이 가장 좋은 방법이기 때문입니다. 힘들지만 하나님께 맡기는 것이 가장 잘하는 방법이기 때문입니다. 우리가 직접 하면 실수하고, 과장하고, 어리석게 행동할 수밖에 없기에 이 모든 것을 너무나 잘 아시는 하나님께서 명확하게 기준을 제시한 것입니다. 여기에 대해 다른 의견을 제시할 수 없습니다. 좀 더 무엇을 덧붙여 말할 수 없습니다. 고통스럽고 눈물 나며 한숨밖에 나오지 않는 상황일지라도 이 말씀을 은혜로 받아야 합니다.

하나님께서는 결코 불의한 것을 그냥 내버려 두시지 않으십니다. 불법을 행하는 것에 대해 눈감고 모르는 척하지 않으십니다. 죄악을 서슴없이 범하는 것에 대해 가만히 방치해 두시지 않으십니다. 거듭거듭 죄짓고 또 죄짓는 것을 묵과하지 않으실 것이 분명합니다. 그러므로 이에 대한 하나님의 진노하심이 있다는 것을 알고, 하나님의 진노하심을 믿고, 하나님의 진노하심에 맡기는 것이 필요합니다. 이것이 하나님을 믿고 의지하는 그리스도인의 바른 태도입니다. 왜냐하면 원수 갚는 것이 우리 그리스도인에게 있는 것이 아니라 하나님께 속한 일이기 때문입니다.

"원수 갚는 것이 내게 있으니 내가 갚으리라고 주께서 말씀하시니라"(19절하)

원수에 대한 감정은 지극히 불편합니다. 불편하다 못해 억장이 무너집니다. 몸서리가 쳐집니다. 어찌하지 못할 분노가 폭발 직전입니다. 감히 어설프게 위로하다가는 도리어 더 깊은 절망과 한숨을 토하게 할지도 모릅니다. 이처럼 원수에 대한 한 맺힌 심정을 극복한다는 것은 대단히 어렵습니다. 이겨낸다는 것은 어마어마하게 힘듭니다. 인류역사가 이것을 말해주고 있고 현시대가 이것을 보여주고 있습니다. 그렇다면 어떻게 해야 한단 말입니까? 어디에서 해답을 찾을 수 있을까요? 성경은 말씀합니다. 하나님께서 직접 갚아주시겠다고 말씀합니다. 성경에서 해결 방법을 찾아야 합니다. 결국 성경으로 돌아가야 합니다. 원수 갚는 것은 하나님의 일이고, 하나님의 특권이기에 하나님께 맡겨야 합니다.

우리 그리스도인이 직접 원수를 갚을 수 없는 이유는 좀 더 구체적으로 무엇일까요? 왜 그렇게 직접적으로 원수를 갚을 수 없는 것일까요? 어떠한 원인이 있기에 그토록 갚을 수 없다고 말하는 것일까요? 그리스도인도 세상 속에 살고 있고 허물 많은 존재이기 때문입니다. 판단이 정확하지 못하고 실수할 때가 있기 때문입니다. 자기중심적이고 이기적이기 때문입니다. 완전하지 못한 인간이기 때문입니다. 그러나 하나님의 원수 갚으심은 항상 의롭습니다. 언제나 공정합니다. 지극히 합당합니다. 끝까지 거룩합니다.

"내가 아무 것도 스스로 할 수 없노라 듣는 대로 심판하노니 나는 나의 뜻대로 하려 하지 않고 나를 보내신 이의 뜻대로 하려 하므로 내 심판은 의로우니라"(요5:30)

선으로 악을 이겨야 합니다.

"네 원수가 주리거든 먹이고 목마르거든 마시게 하라 그리함으로 네가 숯불을 그 머리에 쌓아 놓으리라 악에게 지지 말고 선으로 악을 이기라"(20~21절)

본문은 계속적으로 인간 한계를 뛰어넘어야 감당할 수 있는 말씀을 하십니다. 믿음이 없다면 받아들이기 어려운 말씀을 하십니다. 구원받은 그리스도인이 아니라면 도저히 이해하기 어려운 말씀을 하십니다. 어떻게 원수가 주리면 먹이고 목마르거든 마시게 할 수 있겠습니까? 어찌 선으로 악을 이길 수 있겠습니까? 원수에 대한 불편한 감정은 최악인데 무슨 수로 이렇게 할 수 있겠습니까? 살아있는 믿음이 아니라면 감히 상상도 하고 싶지 않은 일입니다. 견고한 믿음이 아니라면 이해하고 받아들이기 어려운 일입니다.

악을 악으로 대응하는 것은 쉬운데, 선으로 악을 대하는 것은 어려운 것이 사실입니다. 악을 악으로 맞받아치는 것은 누구나 하는 일인데, 선으로 악을 상대하는 것은 결코 아무나 할 수 있는 일이 아닙니다. 악을 악으로 갚는 것은 정당한 것처럼 보이는데, 선으로 악을 이기는 것은 믿음이 없이는 불가능합니다. 그러므로 믿음이 있어야 합니다. 흔들림이 없는 믿음이 있어야 합니다. 성경에 등장하는 믿음의 사람들은 어떠한 모습을 보여주고 있을까요? 어떻게 선으로 악을 이겼을까요? 예를 들어 보겠습니다.

1) 구약

먼저 욥이 친구들에게 보여준 행동을 유심히 살펴볼 필요가 있습니다. 데만 사람 엘리바스, 수아 사람 빌닷, 나아마 사람 소발은 끊임없이 은근슬쩍 욥에 대해 비난합니다. 욥의 심기를 건드리는 말들을 서슴없이 합니다. 때로는 정죄하고 때로는 위로하는 척하지만 업신여깁니다. 수많은 말로 상처를 줍니다. 그럼에도 이에 대해 욥은 선으로 악을 이기는 모습을 최종적으로 보여줍니다. 하나님에 대한 믿음 없이는 할 수 없는 일을 보여줍니다.

> "내 종 욥이 너희를 위하여 기도할 것인즉 내가 그를 기쁘게 받으리니 너희가 우매한 만큼 너희에게 갚지 아니하리라 … 여호와께서 욥을 기쁘게 받으셨더라 욥이 그의 친구들을 위하여 기도할 때 여호와께서 욥의 곤경을 돌이키시고 여호와께서 욥에게 이전 모든 소유보다 갑절이나 주신지라"(욥42:8~10)

다음으로 다윗이 자기의 장인이었던 사울 왕에게 취했던 행동을 살펴보면서 선으로 악을 이긴 모습을 관찰할 필요가 있습니다. 다윗 입장에서는 고달픈 입장이었고 앞이 보이지 않는 절망적인 환경에 처해집니다. 변덕스러워 어떤 방향으로 튈지 모르는 불안한 장인 사울을 마주해야 하는 다윗 입장에서는 살얼음을 걷는 심정이었을 것입니다. 시기가 지나쳐 결국에는 생명까지 빼앗으려는 지극히 악한 행동을 마주해야 하는 다윗의 마음은 그야말로 처절했을 것입니다. 하지만 다윗은 끝까지 선으로 악을 이기는 모습을 보여줍니다. 믿음이 없이는 감히 불가능한 모습을 보여줍니다.

> "왕은 내 생명을 찾아 해하려 하시나 나는 왕에게 범죄한 일이 없나이다 여호와께서는 나와 왕 사이를 판단하사 여호와께서 나를 위하여 왕에게 보복하시려니와 내 손으로는 왕을 해하지 않겠나이다 옛 속담에 말하기를 악은 악인에게서 난다 하였으니 내 손이 왕을 해하지 아니하리이다"(삼상24:11~13)

2) 신약

사도 바울이 보여주는 모습을 통해 어떻게 선으로 악을 이기는지 엿볼 수 있습니다. 사도 바울 주위에는 언제나 원수 같은 사람들이 많이 있었습니다. 복음을 전한다는 것 때문에 많은 어려움을 겪었습니다. 특별히 사람들로부터의 어려움은 일반적인 사람들이 겪어보지 못한 어려움들이었습니다 (고후11:23~27). 사람이 사람을 가까이하는 것은 당연한 것입니다. 하지만 그런 사람으로부터 배신을 당하고 해로움을 당한다면 얼마나 깊은 좌절과 실망이 있을지 상상하기 어렵습니다. 하지만 사도 바울은 이런 상황 속에서도 믿음으로 이겨 냅니다. 믿음을 발휘합니다.

> "구리 세공업자 알렉산더가 내게 해를 많이 입혔으매 주께서 그 행한 대로 그에게 갚으시리니 너도 그를 주의하라 그가 우리 말을 심히 대적하였느니라 내가 처음 변명할 때에 나와 함께 한 자가 하나도 없고 다 나를 버렸으나 그들에게 허물을 돌리지 않기를 원하노라"(딤후4:14~16)

그리스도인은 원수 갚는 것에 관심을 두지 말아야 합니다. 도리어 선으로 악을 갚는 데 관심을 가져야 합니다. 실행하기 몹시 어려운 일이겠지만 하나님께 믿음으로 맡기고 자제해야 합니다. 불가능할 정도로 힘든 일이겠지만 하나님께 믿음으로 맡기고 자유 해야 합니다. 하나님의 공의를 기대하면서 말입니다. 또한 그리스도인은 원수와의 문제와 사건을 통해 오히려 하나님께 영광이 되는 일은 없는지 살펴야 합니다. 우연한 사건과 문제는 없기에 이러한 일들을 통해 하나님이 영광 받으실 일은 없는지 힘들고 어려운 상황 속에서도 찾아야 합니다. 결코 쉽지 않은 일이겠지만 그렇게 살아야 할 사람들이 구원받은 그리스도인이라는 사실만큼은 놓치지 말아야 합니다. 원수와의 얽히고설킨 문제는 본인 스스로 풀겠다고 할 것이 아니라 하나님께 맡기는 것이 정확한 해결 방법입니다. 왜냐하면 공의의 하나님이시기 때문입니다.

"너희로 환난을 받게 하는 자들에게는 환난으로 갚으시고 환난을 받는 너희에게는 우리와 함께 안식으로 갚으시는 것이 하나님의 공의시니"(살후1:6~7)